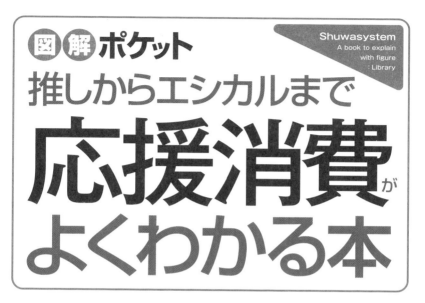

図解ポケット

Shuwasystem
A book to explain
with figure
: Library

推しからエシカルまで
応援消費が
よくわかる本

MIZUKOSHI Kosuke　　TAJIMA Norio
水越 康介・田嶋 規雄 著

秀和システム

はじめに

　本書は、応援消費という社会現象を理解し、ビジネスはもちろん、より良い社会の構築に役立てていくことを目的としています。本書が取り上げる応援消費は、エシカル消費と推し消費（推し活）の大きく2つです。どちらもとても興味深い消費行動であり、これからますます盛んになっていくことが予想されます。

　前半は、エシカル消費という社会現象の理解、消費行動の特徴、そしてビジネスに関わる考え方を紹介しています。後半は、今度は推し消費に焦点を当て、推し消費という社会現象の理解、消費行動の特徴、そして同様にビジネスに関わる考え方を紹介します。

　エシカル消費と推し消費は、どちらも応援消費と呼ばれています。しかし、この2つを同時に扱う書籍はあまりありません。人によっては、意味の異なる消費行動だと感じているでしょう。これに対して、本書では、応援消費としての2つの類似点を強調しています。それは、どちらも自分ではない他者のために消費行動を行っているということです（結果的に、自分のためにもなるかもしれませんが）。

　応援消費という社会現象全体に興味のある方は、最初から順番に読んでいくことをお勧めします。エシカル消費、または推し消費のどちらかに興味がある方は、興味のある方からお読みください。その上で、もう一つの消費行動についてもお読みいただくと、どうしてこの2つが応援消費と呼べるのかということや、応援消費の本質についての理解が深まります。

　他者を応援する行動そのものは、いつの時代にあっても重要な行動です。本書では、応援と消費が結びつく新しい消費社会を明らかにしていきます。

2023年11月

水越康介・田嶋規雄

図解ポケット
推しからエシカルまで
応援消費がよくわかる本

CONTENTS

CHAPTER 4 エシカル消費のマーケティング実践

CHAPTER 5 推し消費の広がり

CHAPTER 6 推し消費ビジネスの魅力

CHAPTER 7 推し消費を理解するための理論・概念

CHAPTER 8 推し消費のマーケティング実践

応援消費

　応援消費の概要を紹介しながら、本書の構成を確認します。東日本大震災を大きなきっかけとして用いられるようになった応援消費という言葉は、コロナ禍を経て、今日では様々な場面で用いられるようになっています。本書では、応援消費として、エシカル消費と推し消費（推し活）に焦点を当てます。

応援消費とは

応援消費という言葉は、苦境に陥った地域や業界に対し、消費行動を通じて支援することから始まり、いまでは推し消費まで含みます。

1 東日本大震災をきっかけとして登場した新しい言葉

応援消費という言葉は、日本において、2011年の**東日本大震災**を大きなきっかけとして用いられるようになりました。当初の意味は、震災において苦境に陥った地域や業界に対し、消費行動を通じて支援することを意味します。応援消費の元来の意味合いは、後述する**エシカル消費**とほぼ同じです。その後、2020年からの**コロナ禍**において、再び応援消費という言葉が注目されるようになりました。

応援消費は、2020年の日経 MJ ヒット商品番付で東の大関に選ばれています。すでに東日本大震災に限らず、日本全国において使われるようになりました。2020年12月5日の朝日新聞では、応援消費をしたことがあるかどうかの調査結果が紹介されています。1581人のうち半数を超える52% が応援消費をしたことがあり、さらにいいえと答えた人のうちでも、53% は機会があればやりたいと答えています。

2 コロナ禍を経てその意味も範囲も広がる

コロナ禍を経て、2011年から変わったのはその対象地域だけではありません。今日では、応援消費が意味することはより様々であり、エシカル消費の範疇を大きく超えています。例えば、東日本大震災の際には、義援だと思って東北産のリンゴを購入したことが応

援消費であるとされていました。また、観光で被災地に赴くことも応援消費と呼ばれていました。しかし、いまでは被災地だけではなく、コロナ禍で困っていた店舗はもちろん、休業しているライブハウスやアーティストを支援する動きや、**クラウドファンディングやふるさと納税**を行うこともまた、応援消費であるとみなされます。化粧品を買うときにすら、「支援・応援のために」公式店舗や通販で買うことがあり、人によってはこれも応援消費に含まれています。2020年12月13日の日経MJでは、「演劇から飲食店、化粧品——。応援消費はあらゆる分野に広がる」とあります。応援消費という言葉自体は知らなくても、言われてみれば消費を通じた応援活動をいつの間にか行っていたと気づくこともあります。

　応援消費として、より注目されているのは**推し消費（推し活）**と呼ばれる活動です。すでにコロナ禍の折には、困っているアーティストを支援する動きが応援消費として広まっていました。こうした活動に前後して、自分の好きなアーティストはもちろん、アニメや漫画を応援するという行動もまた、応援消費と呼ぶことがあります。

　本書では、エシカル消費から始まり、推し消費を含んで広がる応援消費について説明していきます。

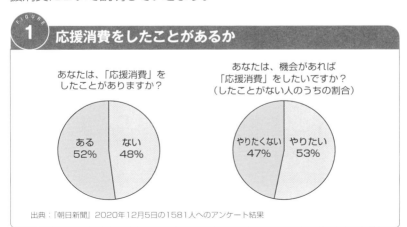

FIGURE

1 **応援消費をしたことがあるか**

あなたは、「応援消費」を
したことがありますか？

| ある 52% | ない 48% |

あなたは、機会があれば
「応援消費」をしたいですか？
（したことがない人のうちの割合）

| やりたくない 47% | やりたい 53% |

出典：『朝日新聞』2020年12月5日の1581人へのアンケート結果

エシカル消費とは

近年、倫理性を伴う消費行動であるエシカル消費が注目されています。海外では古くから意識されてきましたが、SDGｓの浸透などに伴い国内でも関心が高まっています。

1 社会的課題の解決を目指す消費行動

エシカル消費とは、人々それぞれが各自にとっての社会的課題の解決を考慮したり、そうした課題に取り組む事業者を応援しながら消費活動を行うことを意味します(消費者庁)。具体的には、**エコ**や**リサイクル商品**の購入はもちろん、**フェアトレード**や寄付付き商品の購入、さらには**地産地消**や**動物福祉**も含まれます。応援消費と同様に、その範囲は広がっており、定義はもちろん、厳密に対象となる消費行動が定まっているわけではありません。個々人が何を社会的課題だと考え、その解決に向けて消費行動しているのかが重要です。

エシカルという言葉は、日本でいえば**倫理**を意味します。したがって、エシカル消費は倫理性を伴う消費行動です。エシカル消費は特に海外では古くから意識されており、似たような言葉として、**グリーン消費**や**エコ消費**とも呼ばれてきました。環境に優しい商品を購入し、使い捨てではなく、少々古くなっても長く利用する。場合によっては、こうした商品は値段も少し高いかもしれません。それでも、倫理性という観点から、こうした商品の普及と消費の重要性を考慮することが、エシカル消費の特徴となります。

2 つくる責任 つかう責任

　エシカル消費は、2015年に国連総会で定められた**持続可能な開発目標（SDGs）**である17項目のうち、12番目の「**つくる責任　つかう責任**」に関連すると考えられています。この場合には、「責任」が重要な言葉となります。責任ある消費という考え方もまた、倫理性と結びついており、エシカル消費の特徴の一つです。環境に配慮した商品を購入するのは、この社会やこの世界に生きる人々にとっての責務でもあるというわけです。

　当然、こうした倫理や責任を伴う消費行動の広まりや消費者の台頭に対し、企業も関心をよせ、対応するようになっています。エシカル消費を行う人々を対象とした商品やサービスの開発はもちろん、潜在的なニーズの掘り起こしが課題になります。ビジネスやマーケティングにおいて、エシカル消費は今日的な重要テーマの一つです。

エシカル消費の定義と意義

倫理的消費（エシカル消費）とは

「地域の活性化や雇用なども含む、人や社会、環境に配慮した消費行動」（消費者基本計画）

消費者それぞれが各自にとっての社会的課題の解決を考慮したり、そうした課題に取り組む事業者を応援しながら消費活動を行うこと

倫理的消費（エシカル消費）に取り組む必要性と意義

・持続可能性の観点から喫緊の社会的課題を多く含有
・課題の解決には、消費者一人一人の行動が不可欠かつ有効
・「安さ」や「便利さ」に隠れた社会的費用の意識が必要

推進方策の方向性

・学校教育などを通じた消費者の意識の向上
・国民全体による幅広い議論の喚起
・事業者による消費者とのコミュニケーションの促進、推進体制の整備
・様々な主体、分野の協働によるムーブメントづくり

出典：消費者庁

推し消費へと広がる応援消費

アイドルなどを熱狂的に応援する活動である推し消費が広がり
を見せています。若年層を中心に一般化し、コロナ禍を経て一層
用いられる言葉になりました。

1 AKBの飛躍とともに広がる

　エシカル消費と並んで、今日の応援消費という言葉を考える上で
欠かすことができないのは推し消費（推し活）です。推し消費とは、
好みのアイドルやアニメのキャラクターなどを熱狂的に応援する活
動であり、特に応援対象のことを **「推し」** と呼びます。実は、応援
消費という言葉が東日本大震災の支援行動と結びついて登場した
頃、すでに、同じく推し消費という言葉も用いられるようになって
いました。

　2021年10月27日の読売新聞では、「AKB48の飛躍により、こ
の言葉は2011年ごろから広がった」とされています。推しの対象
のためにコンサートに行ったり、あるいはCDをたくさん購入する
という行動がしばしば聞かれるようになりました。推し消費は、応
援消費と同様に、コロナ禍を経て一層用いられるようになり、
2021年には、推し活が流行語大賞にノミネートされてもいます。
つまり、応援消費と推し消費という言葉が用いられるようになった
時期はほぼ一致しており、より一般に広がりをみせたのも、同じく
コロナ禍を前後してです。

2 ファンや追っかけに代わる現代の言葉

　推し消費と似た行動として、以前から、ファンや追っかけといった存在が知られてきました。大きな行動として違いはありませんが、推し消費の方が対象が広く、また、特に若年層を中心としてより一般化していると考えることができます。アニメや漫画の特定のキャラクターといった二次元の存在が推しとなることや、身近な上司や教師、あるいは友人や後輩でさえ推しの対象となることがあります。特に後者の場合には、必ずしも消費行動を伴うわけではなく、推しているという活動が中心になるでしょう。

　推し消費に限らず、ファンや追っかけがどうして生じるのかについては、様々な見方があります。本書の後半では、消費者行動やマーケティングの観点から、彼らの特徴やビジネスとの関わりをみていくことにします。

FIGURE 3 コロナ禍を経て推し消費へと広がる応援消費

応援消費

↓

推し消費

コロナ禍を経て
一層広がった

応援消費の枠組み

今日の応援消費はエシカル消費と推し消費を含んでいます。両者を明確に区別できない、どちらとも捉えられる応援消費が生じる場合もあります。

1 エシカル消費と推し消費

今日の応援消費は、ここまで説明したように、いまではエシカル消費と推し消費を含んでいます。この2つの消費行動は、見た目としては異なっているかもしれませんが、何かや誰かを支援し、応援しようという考える点では同じものです。そして、その支援や応援しようという気持ちや理由は、どちらの場合も様々です。

エシカル消費の場合には、信念として環境問題を解決しなくてはならないと強く思っている人々もいれば、社会に良いことをしている商品や企業に共感しているといった比較的軽めの動機で行動している人々もいます。ボイコット運動に積極的に参加する人もいれば、そういった運動にはまったく興味がないという人もいるでしょう。同様に、推し消費の場合も、熱烈なファンもいれば、一種のファッションとして関連グッズを購入するという人もいます。

2 倫理性という相違点

一方で、エシカル消費と推し消費の違いとして、大きく2つの点を指摘しておくことができます。第一に、これまでみてきたように、倫理性の程度は大きく異なります。エシカル消費は、その名前のとおり、倫理性と結びついているのに対し、推し消費は、ほとんど倫理性は伴っていません。第二の違いとして、社会問題解決に向けた

意識にも違いがみられます。エシカル消費の場合には、倫理性とも関連して、環境問題や格差問題といった社会問題に対して意識があり、その解決方法の一つとして消費行動が生じます。これに対して、推し消費の場合には、そのような社会問題解決は必ずしも目標とされず、むしろ自分自身の嗜好や興味が強く前に出ています。

　もちろんこれらの違いは程度の差であり、明確に区別できず、一口に応援消費としてみた方が良い行動もあります。例えば、映画やアニメファンによる聖地巡礼の場合、まずは推し消費とみることができます。しかしその一方で、彼らが聖地巡礼を通じて、その地域の活性化を目指しているということになれば、エシカル消費としての側面も有していることになるでしょう。また、人気ユーチューバーである東海オンエアは、地元の活性化を一つの目標として自ら活動し、ファンもまた彼らが紹介した地域に聖地巡礼として訪れます。こうした人々の行動は、エシカル消費と推し消費を明確に区別できません。応援消費として生じていると考えることができます。

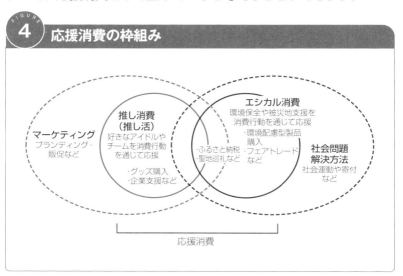

FIGURE 4　応援消費の枠組み

15

新しい消費社会

自分のために消費するだけではなく、他者や社会のために消費する応援消費の考え方は、消費社会を支え、変えていく力となります。

1 応援される企業である必要性

エシカル消費に始まり、推し消費を広く含むようになっている今日の応援消費は、**新しい消費社会**の到来を示しています。すなわち、ただ自分のために消費するのではなく、他者のためであったり、社会のために消費するという選択肢が生まれているのです。これに呼応するように、企業やビジネスの側もまた、ただ安くて良いものを作ればいいという時代は終わり、社会のためになる製品開発やマーケティングが求められており、自らが支援し応援してもらえる企業を目指す必要があります。

2 社会のため、他人のために消費する社会

私たちの社会は、長らく消費社会と呼ばれてきました。もちろん、私たちが何かしらの消費を行うことは、当たり前のことです。日々ご飯を食べなければ私たちは死んでしまいますし、裸で暮らせるわけではなく、服や住居も欠かすことができません。消費社会という言葉が意味しているのは、人々は生きるためには消費をするものだという当たり前の意味ではなく、現代という社会は、消費が活性化し断続的に生じなければ、存続し、発展していくことができないという強い意味です。

　かつてのようにものが絶対的に不足していた時代には、人々が消費行動を行うということは当たり前すぎて、それほど重要だと考えられてきませんでした。しかし、現代のようなものあまりの時代に入ると、どうやって消費を成り立たせるのかという問題が重要になってきました。時に、誇大な広告や過剰なプロモーション投資が行われ、社会問題にもなります。こうした中で、自分のためだけではなく、他者のため、社会のために消費するという考え方の台頭は、私たちが消費行動を行う新しい理由として、消費社会を支え、場合によっては変えていく力として重要になっています。

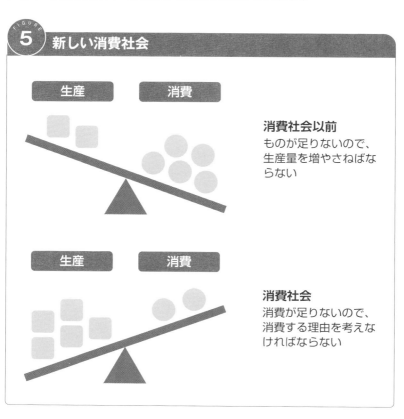

5 新しい消費社会

生産　　消費

消費社会以前
ものが足りないので、生産量を増やさねばならない

生産　　消費

消費社会
消費が足りないので、消費する理由を考えなければならない

MEMO

CHAPTER

2

エシカル消費の広がり

　東日本大震災の頃に広まった消費行動は、エシカル消費と
して捉えることができます。海外で先行して広まってきたエ
シカル消費は、日本でも広がりを見せています。寄付の文化
も根付き始めているようです。クラウドファンディングやふ
るさと納税など、新しい仕組みに支えられて広がるエシカル
消費を確認します。

阪神・淡路大震災と東日本大震災

日本は災害大国であり、地震をはじめ多くの災害が発生しています。一方で、災害は人々の協力への意識が高まるときでもあります。

1 災害大国日本

日本は災害の多い国です。特に多いのは地震であり、全世界で起こるマグニチュード6以上の地震のうち、18.5%は日本で起きているといわれています (国土技術研究センター)。国土や人口から考えれば大きな割合です。

災害が起こるのは残念なことですが、人々の協力への意識が高まるときでもあります。特に応援消費やエシカル消費を考える際に重要だった2つの震災があります。一つは、1995年1月17日に起きた**阪神・淡路大震災**、もう一つは、2011年3月11日に起きた東日本大震災です。いずれも大きな被害をもたらした大震災でした。

2 ボランティア元年と応援消費元年

阪神・淡路大震災が起きたときに注目されたのは災害ボランティアの活動です。ここから、1995年はボランティア元年ともいわれます。彼らの活躍もあり、1998年には**特定非営利活動促進法**、いわゆる **NPO 法**が制定されました。個人でボランティアを行うだけではなく、組織としてボランティアを取りまとめ、活動することが容易になりました。

　東日本大震災の折にも、もちろんボランティアの活躍は重要でした。その一方で、東日本大震災では、インターネット技術の発達はもとより、津波や原発の影響もあり、新しい支援の形が広まることになりました。それが被災地の商品やサービスを買って応援するという応援消費でした。2011年を応援消費元年と呼ぶことができます。

　後述するように、2つの震災の折には、寄付の規模も大きくなっています。震災はない方がよいわけですが、災害大国日本では、この2つの震災に限らず、その後の2016年には**熊本地震**、2018年には**北海道胆振東部地震**が起きています。震災の中で、人々の向社会的意識や行動が高まるということは大事なことです。

6　阪神・淡路大震災と東日本大震災

阪神・淡路大震災と東日本大震災ボランティア
写真提供：人と防災未来センター

東日本大震災と支援セール
写真提供：新宿経済新聞

コロナ禍

世界規模で社会や経済に大きな影響を与えたコロナ禍は、応援消費が広く活発化するきっかけとなりました。

1 世界規模での経済の停滞

　地震に限らず、応援消費やエシカル消費に対して大きな影響を与えたのは2020年からのコロナ禍です。コロナ禍においては、人々は感染予防のために外出を控えざるをえず、学校は休校となり、企業も在宅勤務を余儀なくされました。街からは人影が消え、飲食店をはじめとした店舗が大打撃を受けることになりました。給食もなくなり、飲食店にも客が入らなくなれば、学校や店舗に供給されていた食材や食材の生産業者もまた、大きな打撃を受けることになります。世界規模において経済そのものが止まってしまいました。

　こうした中、活発化した新しい消費行動の一つが応援消費です。すでに東日本大震災の頃には、被災地の商材を買って応援する行動が表面化していましたが、こうした行動が日本全体で起こったことになります。自治体としては、宮崎県で応援消費という言葉が県知事によって用いられました。やがて、農林水産省も応援消費として地域での食材の販売促進に協力するようになりました。

2 広がった応援消費

　コロナ禍で困っていたのは、飲食店や食材の生産者だけではありません。旅行やコンサートもすべてが中止となりました。彼らに対しても支援の声が上がり、いたるところで応援消費が重要なテーマとなったのです。冒頭で紹介したように、2020年のヒット商品番

付では、応援消費が東の大関にランキングされました。国による**Go To トラベル**が2020年7月から始まり、**Go To Eat キャンペーン**も10月から開始されました。これらはその後の感染拡大で一時中止を経ながらも継続されることになります。

　今日推し消費もエシカル消費も含め応援消費として語られるのは、コロナ禍の影響が大きいかもしれません。先に述べたように、ファン行動と環境保全活動というと距離があるように感じますが、もともと、自分ではない他者を応援したいという気持ちと、その気持ちを消費行動を通じて実現することは共通していました。コロナ禍は、両者の違いを見えなくし、共通点だけを強調する役割を担ったといえます。

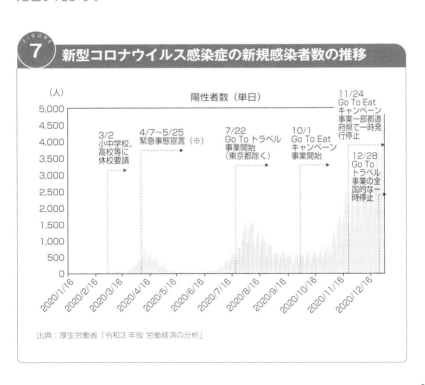

FIGURE 7　新型コロナウイルス感染症の新規感染者数の推移

出典：厚生労働省「令和3年版 労働経済の分析」

寄付

日本は伝統的に寄付の文化に乏しいといわれてきましたが、応援消費の広まりとともに寄付額も増加してきています。

1 寄付の文化に乏しい日本

応援消費やエシカル消費に関連した行動として、寄付とボランティアをあげることができます。先にも紹介したように、どちらも震災を経て日本でもいよいよ普及してきた感があります。

伝統的に、日本は寄付の文化に乏しいといわれてきました。その理由は様々ですが、一つには、宗教上の特徴が影響しているともいわれます。2017年に日本ファンドレイジング協会がまとめた『寄付白書』では、国ごとの寄付額についてまとめられています。それによると、2016年の直近1ヶ月間にチャリティ団体に寄付をした人の割合として、日本は23%であるのに対し、アメリカは63%、イギリスは69%、韓国は35%でした。さらに、一人当たりの寄付の金額をみた場合も、日本は年間27013円、韓国の85000ウォン（9095円）よりは多いものの、アメリカの1115ドル（125664円）、イギリスの480ポンド（74400円）と比べると低くなっています。この分析では、結論として、日本は寄付する人が少ないとともに、寄付の金額も低く、結果的に寄付総額が低くなっていると指摘されています。

2　寄付の文化は広まるか？

　総務省統計局による家計調査では、世帯ごとの寄付金の長期的な推移をみることができます。この寄付金は、世帯以外の団体などへの寄付金、祝儀などの移転的支出、共同募金やバザー現金寄付からなっています。寺・神社への寄付や学校への寄付は含まれていません。

　この資料によれば、1987年の調査開始時期を除けば、長らく寄付金支出額は3000円前後で推移してきました。その一方で、1995年の阪神・淡路大震災、2011年の東日本大震災には寄付額がそれぞれ5834円、6579円と増加しています。さらに、近年に入り増加傾向であり、2022年には8673円にまで伸びました。

　この先、寄付もより当たり前になっていくかもしれません。応援消費と合わせて、困っている人や組織のためにと考える人々が増えていくことは大事なことです。

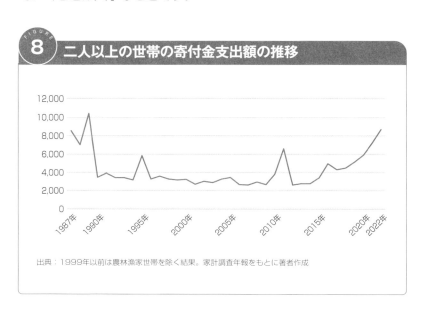

FIGURE 8　二人以上の世帯の寄付金支出額の推移

出典：1999年以前は農林漁家世帯を除く結果。家計調査年報をもとに著者作成

陰徳の文化

日本では陰徳の文化のもと寄付を公言しない傾向がみられていましたが、フィランソロピーの広まりの中で陽徳や顕徳も重視されるようになっています。

1 陰徳陽報とフィランソロピー

日本人は、個人はもとより、企業としても伝統的に寄付したことを公言しない傾向がみられます。この考え方は、**陰徳**と呼ばれてきました。漢の淮南子には「陰徳アル者ハ必ズ陽報アリ」と記されており、「陰徳陽報」「陰徳を積め」という教訓のよりどころです。江戸時代にはすでにこうした考え方が存在し、**フィランソロピー**の基底となったとされます。

フィランソロピーは博愛や人類愛といった意味であり、1990年代から特に企業の社会貢献行動を促進する言葉として広まりました。ちなみに、日本では1990年が**フィランソロピー元年**であり、2003年が **CSR（企業の社会的責任）元年**と呼ばれます。

2 陽徳や顕徳のススメ

フィランソロピーの広まりの中で、陰徳の文化は障害の一つとして捉えられるようにもなりました。1992年の経団連の調査では、日本企業が社会貢献に関する情報を積極的に開示したくない理由の一つとして「（善行は）陰徳の精神に基づいて行われるべきである」と考えられていることが挙げられています。

2001年1月10日の日経産業新聞では、朝日生命保険の若原泰之氏のたどりついたフィランソロピーとして、寄付のためには陰徳で

はなく陽徳や顕徳を認める社会を作る必要があるとされています。同様に、寄付と陰徳を関連付けながら陰徳を否定し陽徳を目指す主張は、メセナ協議会の荻原康子氏も行っています。今日では、多くの企業は CSR 活動の実績をホームページやアニュアルレポートに載せるなど広く公開するようになり、普及が進んでいるといえます。

　なお、後述するとおり、寄付や善行を公言しない、あるはしにくい傾向は、日本に限られたことではありません。**サイコロジカルカバー**と呼ばれる考え方では、人々は利己的な理由を付け加えることで、利他的な行動を正当化するとされます。寄付をしたのは、相手のため（だけ）ではなく、何かをもらえる（例えば返礼品）からだというわけです。このとき、応援と消費が結びつくことの重要性を改めて考えることができます。

FIGURE
9　陰徳の文化

陰徳　　　　　　　　フィランソロピー

陰徳あれば陽報あり

エシカル・コンシューマー

消費者庁の調査によると、国内でも近年エシカル消費を行う人々や行おうという人々が増えていることがわかります。

1 復興応援をした人々の割合

2020年、消費者庁は「「倫理的消費（エシカル消費）」に関する消費者意識調査報告書」を取りまとめています（調査対象期間は2019年度）。コロナ禍以前の資料となりますが、応援消費に関わる復興応援に関連した情報も載せられており、エシカル・コンシューマーの動向がわかります。

この報告書では、復興応援に関連して何かを購入したという人々は、全体の45.4%にのぼります。性別による違いはあまり見られず（男性で44.0%、女性で46.7%）、年齢が高い方が購入の経験も増えます。

2 エシカル消費の状況

エシカル商品・サービスの購入状況や意向もまとめられています。購入していると答えた人々は、食料品で61.8%、衣料品で32.8%、その他生活用品で48.2%、家電・贅沢品で28.0%でした。同様に行われた2016年のデータでは、食料品で68.8%、衣料品で45.9%、その他生活用品で54.1%、家電・贅沢品で42.1%でした。数値としては減少していますが、一方で、購入していないを選択した人々を見た場合には、2016年から改善がみられます。

2020年と2016年の顕著な違いは、「あまり購入していない」と答えた人々の割合です。2020年では、食料品を除き、半分以上

の人々がこの「あまり購入していない」を選択しています。この調査は個人の感覚として購入しているかどうかを聞いています。2016年の頃に比べると、エシカル消費がより一般に浸透し、相対的に自分はそれほど購入してないという意識を高めたのではないかと予想されます。

　関連するデータとして、エシカル消費をはじめとした言葉の認知度は、2016年よりも2020年の方が高くなっています。また、実際に購入したかどうか、今後も購入したいかどうかを聞いた項目では、2016年は28.4%だったのに対し、2020年は35.5%と増えています。このことから考えると、やはり、エシカル消費を行う人々や行おうという人々は着実に増えています。

FIGURE 10　復興応援に関連した商品・サービスの購入経験

Q あなたは、復興応援に関連した商品・サービスを購入したことがありますか。（お答えは1つ）

		よく購入している	購入したことがある	購入したいがそのような機会がない	購入したことがない (%)
	トータル(n=2803)	2.8	42.6	23.4	31.2
性別	男性(n=1412)	3.1	40.9	23.1	32.9
性別	女性(n=1391)	2.5	44.2	23.7	29.5
年代別	10代・20代(n=652)	2.8	30.2	23.3	43.7
年代別	30代(n=530)	1.9	38.9	24.9	34.3
年代別	40代(n=674)	2.2	44.5	23.0	30.3
年代別	50代・60代(n=947)	3.8	51.7	22.9	21.5

出典：消費者庁「倫理的消費（エシカル消費）」に関する消費者意識調査報告書

FIGURE 11

エシカル消費に関連する言葉の認知状況

Q11 あなたは、エシカル消費に関連する以下の言葉を
知っていますか。(お答えはいくつでも)

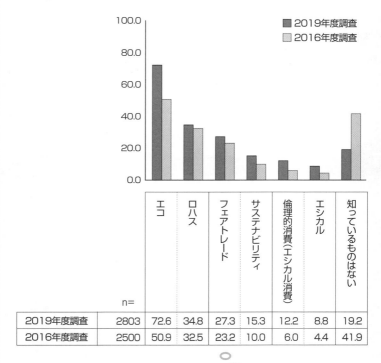

	n=	エコ	ロハス	フェアトレード	サステナビリティ	倫理的消費(エシカル消費)	エシカル	知っているものはない
2019年度調査	2803	72.6	34.8	27.3	15.3	12.2	8.8	19.2
2016年度調査	2500	50.9	32.5	23.2	10.0	6.0	4.4	41.9

2016年度よりも
全体的に言葉の認知度が
上がっている。

出典:消費者庁「倫理的消費(エシカル消費)」に関する消費者意識調査報告書

FIGURE 12 エシカル商品・サービス購入状況

Q18 あなたは、エシカル消費につながる商品・サービス
をどの程度購入していますか。（お答えは1つ）

【2019年度調査】

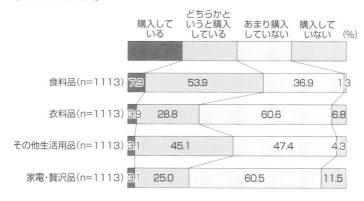

	購入している	どちらかというと購入している	あまり購入していない	購入していない (%)
食料品(n=1113)	7.9	53.9	36.9	1.3
衣料品(n=1113)	3.9	28.8	60.6	6.8
その他生活用品(n=1113)	3.1	45.1	47.4	4.3
家電・贅沢品(n=1113)	3.1	25.0	60.5	11.5

【2016年度調査】

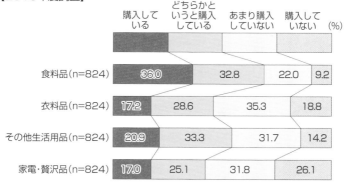

	購入している	どちらかというと購入している	あまり購入していない	購入していない (%)
食料品(n=824)	36.0	32.8	22.0	9.2
衣料品(n=824)	17.2	28.6	35.3	18.8
その他生活用品(n=824)	20.9	33.3	31.7	14.2
家電・贅沢品(n=824)	17.0	25.1	31.8	26.1

出典：消費者庁「倫理的消費（エシカル消費）に関する消費者意識調査報告書

エシカル消費の市場規模

2010年から2020年までの間に世界のエシカル消費の市場規模は倍以上となり、コロナ禍でさらに成長しました。

1 イギリスのエシカル・コンシューマー

日本でも**エシカル・コンシューマー**と呼ばれるエシカル消費を積極的に行う人々がいました。先駆的なのはイギリスであり、1989年から「エシカル・コンシューマー」というNPOが立ち上げられ、定期的な調査が行われてきました。2022年の調査では、コロナ禍を含む2021年までの時期において、エシカル消費の市場規模が分析されています。

総合計でみると、2010年には7兆788億円程度だった市場規模は、10年後の2020年には倍以上の15兆8937億円を超えました。コミュニティやボイコット関連を除き、食品、住宅、移動、衣服などのパーソナルプロダクト、それからさらに、**エシカルマネー**は大幅に伸びています。コロナ禍となった2021年には21兆244億円に達しており、右肩上がりで伸びているだけではなく、コロナ禍でエシカル消費が増えたことが伺えます。

2 日本のエシカル・コンシューマー

転じて、日本では市場規模に関するあまりまとまった資料はありません。とはいえ、2023年7月24日の『日経ビジネス』では、中国と日本の調査会社が調べたというエシカル食品の世界市場規模と日本の規模が示されています。この資料によれば、2030年、世界で約102兆円、日本では6兆円規模が見込まれています。2023年

時点では、世界は約63兆円、日本は4〜5兆円程度です。世界の伸び率に比べ、日本は少し低いようにみえます。

　エシカル消費の認知率については上がっています。同じ記事によれば、電通による調査として、エシカル消費という言葉を知っている人は2022年に41.1％であり、2020年の24.0％を上回ったとされています。先にみた国の調査よりも上がっています。

FIGURE 13　エシカル消費の市場規模（イギリス）

百万円 （1ポンド150円）	2010	2020	2021
エシカルフード・ドリンク	633,450	1,516,800	1,664,100
グリーンハウス	741,450	1,445,400	1,442,850
エコトラベル・移動	246,150	1,844,250	2,716,950
エシカルパーソナルプロダクト	123,450	264,150	267,450
コミュニティ	1,669,500	1,665,450	1,776,750
合計	3,414,000	6,736,050	7,868,100
ボイコット	372,750	581,250	501,150
エシカルマネー	3,292,050	8,576,400	12,875,700
総合計	7,078,800	15,893,700	21,244,950

出典：Ethical Consumer「イギリスのエシカル消費の市場規模」

ボランタリー・シンプリシティ

過剰な消費や生産を抑制し本当に必要なものだけを消費するボランタリー・シンプリシティは、エシカル消費にも関連する消費行動として注目されています。

1 ミニマリスト

　日本では**質素倹約**が尊ばれてきました。こうした消費行動は、今日では、**ボランタリー・シンプリシティ**と呼ばれています。自発的にシンプルな生活を求める人々ということであり、似た表現として、最小限の持ち物で生活する人々という**ミニマリスト**や**ミニマリズム**という言葉もあります。

　エシカル消費では、倫理的、社会的に望ましいものを消費することで、実際の社会に貢献できると考えます。これに対して、ボランタリー・シンプリシティでは、消費行動そのものが倫理的、社会的ではない側面を有していると考えます。本当に必要なものだけで生活することは、自分の趣味嗜好というだけではなく、過剰な消費や過剰な生産の抑制につながり、社会にとっても良いことだということです。

2 片付ける技術・捨てる技術

　2010年に、こんまりこと近藤麻里恵さんが出版した『人生がときめく片づけの魔法』が世界的に大ヒットとなりました。2018年に出版されたやましたひでこさんの『人生を変える断捨離』も同様に大ヒットしています。不要なものを買わないことはもちろん、今ある不要なものをどのように片づけ、どのように捨てるのかという

問題は、エシカル消費とも関連した重要なテーマです。

　ものを買わないこと、ものをうまく捨てることは、一見すると、企業やマーケティングにとっては損失のようにみえます。しかしながら、ミニマリストの多くは、ものを買わないというわけではなく、不要なものは買わない人々であり、むしろ必要なものについてはしっかりと選んで購入しています。

　いずれにせよ、重要なことは、この社会にとって何をする必要があるのかということです。エシカル消費もまた、大量生産大量消費のためにあるわけではありません。この点を履き違えた企業やマーケティングは、**グリーンウォッシュ**と呼ばれるような見せかけの活動として批判の対象となります。

14　こんまりが紹介する片づけ方法「こんまり®メソッド」

STEP1　理想の暮らしを考える

STEP2　「モノ別」に片づける

STEP3　触った瞬間に「ときめき」を感じるかどうかで判断する

STEP4　正しい順番で片づける

STEP5　家にある「あらゆるモノの定位置」を決める

出典：https://konmari.jp/

CHAPTER
2
8

クラウドファンディング

アイデアに協賛した人から少しずつ援助を受けることのできる
クラウドファンディングは、応援消費を実現する仕組みとして広
まっています。

1 群衆の力を借りる

応援消費を実現する仕組みとして、クラウドファンディングがあ
ります。クラウドファンディングとは、「クラウド」(Crowd 群衆)
と「ファンディング」(Funding 資金調達)からなる造語です。そ
の言葉のとおり、群衆から少しずつ資金提供を受けることで、まと
まった資金を得ることができます。インターネットの普及に合わせ
て広まり、コロナ禍の折にも注目されました。今日では多くのプラッ
トフォームが運営されています。日本では、**キャンプファイヤー**や
マクアケ、海外では**キックスターター**などがよく知られています。

クラウドファンディングでは、アイデアはあるが資金はないとい
う人がそのアイデアを提示し、そのアイデアに協賛した人々から少
しずつの援助を受けます。そして、資金が集まれば実際に開発製造
やサービス開発を行い、開発に成功すれば、資金提供者はその製品
を受け取ったり、その他様々な見返りをもらうことができます。

2 クラウドファンディングのタイプ

クラウドファンディングは、見返りのタイプに応じて大きく4つ
に分けられます。一つ目は、**寄付型**クラウドファンディングです。
集めた資金は寄付として取り扱われ、見返りは特にありません。2
つ目は、**投資型**クラウドファンディングです。投資ですので、実際

にアイデアが実現した暁には、配当という形で見返りを得ることができます。3つ目は、**融資型**クラウドファンディングです。2つ目に似た仕組みですが、お金を貸すという意味合いを強く持っており、例えばアイデアが実現しなくても、見返りを得ることがあります。最後の4つ目は、**購入型**クラウドファンディングです。完成した製品を購入することができます。

　どのタイプも応援消費やエシカル消費と結びつきますが、特にわかりやすいのは購入型です。

FIGURE
15 クラウドファンディングの種類

	寄付型	投資型	融資型	購入型
投資家の動機	内的・社会的	財務利益	社会的と財務	内的・社会的・外的
貢献の類型	寄付	投資	ローン	プレオーダー
投資家リターン	無形の便益	投資収益率	投資収益率	有形・無形の便益
主要な焦点	価値のある社会的課題、フィランソロピー	スタートアップ	短期間の借り手	初期採用者への製品とギフト
プロセスの複雑性	非常に低い	高い	中間	低い
主要な受益者の例	プロジェクトのオーナー・非営利団体	スタートアップ企業	個人、事業体	スタートアップ企業・資金調達者
契約の類型	実存報酬のない契約	持株契約	貸付契約	製品契約

出典：大平 修司、スタニスロスキー スミレ、日高 優一郎、水越 康介 (2021)、「クラウドファンディングとしてのふるさと納税」、マーケティングジャーナル、40(3)、21をもとに作成

ふるさと納税

自身の望む自治体への寄付により地域に貢献できるふるさと納税は、応援消費の一つとしても捉えられています。

1 地域を支援する仕組み

ふるさと納税は、寄付における寄附金控除を用いることで、自身が望む自治体への納税を実質的に可能にする制度です。総務省のホームページでは、「『納税』という言葉がついているふるさと納税。実際には、都道府県、市区町村への『寄附』です。一般的に自治体に寄附をした場合には、確定申告を行うことで、その寄附金額の一部が所得税及び住民税から控除されます」とあります。2007年に創設が表明され、2008年5月から実際に運用が開始されました。その後、改正されながら今日まで続いています。

ふるさと納税は、2022年には受入額が9654億円を超え、1兆円に到達する勢いです。ここまで拡大した背景には、返礼品の存在があります。制度上は寄付ですが、寄付することで地域の特産物を返礼品として受け取ることができるのです。2023年では、寄付額の3割を上限として返礼品が設定されています。

返礼品を伴うふるさと納税は、一部ではお買い得なショッピング行動であると指摘されてきました。同時に、そのような理由から、近年では応援消費の一つとしても理解されています。

2 地域の経済を回す

　ふるさと納税を行う人々にとって、返礼品は最も重要な問題です。しかしより重要なことは、人々は返礼品を受け取ることが地域のためにもなっていると少なからず考えているということです。すなわち、自分が返礼品を受け取ることで、その地域に税金の一部が寄付として送られるだけではなく、その返礼品の生産者の売上にも寄与することになるという感覚があるのです。地域の経済を回すことに貢献することは、買うことが応援することであるという応援消費の構図をまさに有しています。寄付の用途を指定できることも、地域に貢献する消費行動の意識を高めています。

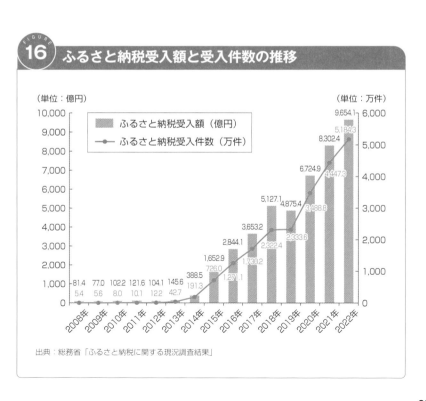

FIGURE 16　ふるさと納税受入額と受入件数の推移

（単位：億円）　　　　　　　　　　　　　　　　　　（単位：万件）

凡例：
- ふるさと納税受入額（億円）
- ふるさと納税受入件数（万件）

年	受入額（億円）	受入件数（万件）
2008年	81.4	5.4
2009年	77.0	5.6
2010年	102.2	8.0
2011年	121.6	10.1
2012年	104.1	12.2
2013年	145.6	42.7
2014年	388.5	191.3
2015年	1,652.9	726.0
2016年	2,844.1	1,271.1
2017年	3,653.2	1,730.2
2018年	5,127.1	2,322.4
2019年	4,875.4	2,333.6
2020年	6,724.9	3,488.8
2021年	8,302.4	4,447.3
2022年	9,654.1	5,184.3

出典：総務省「ふるさと納税に関する現況調査結果」

事例：ふるさとチョイス

オンライン上のプラットフォームであるふるさとチョイスは、
ふるさと納税を大きく成長させる一助となりました。

1 ふるさと納税を応援消費に結びつける

2011年の東日本大震災のとき、ふるさと納税は寄付の受け入れ
先として重要な役割を担いました。しかしながら、いまから思えば、
当時のふるさと納税の規模はまだ小さく、その期待に十分に応える
ことができたとはいえませんでした。ふるさと納税が大きく成長し
たのは、もう少し後になってからです。

寄付控除と返礼品によって成長したふるさと納税にとって、同時
に重要だったのはオンライン上のプラットフォームの充実化でし
た。その先駆けの一つに、**ふるさとチョイス**があります。ふるさと
チョイスは、2012年に須永珠代氏により設立されたトラストバン
クが同年9月に開始したサービスです。自宅のアパートの1室で、
資本金はわずか50万円でのスタートだったといいます。

2 ガバメントクラウドファンディング

2013年、ふるさとチョイスは、ふるさと納税を活用しクラウド
ファンディング型で寄付を募る**ガバメントクラウドファンディング**®
（**GCF**®）の提供を開始しました。徐々に成長し始めたふるさと納税
では、過度な返礼品が問題視されるようになっていました。寄付や
税金であるにもかかわらず、ショッピングになっているではないか
というわけです。これに対し、ふるさとチョイスは、ふるさと納税
の寄付としての性格を改めて全面に押し出したサービスを提供しよ

うとしました。

　ガバメントクラウドファンディングでは、返礼品だけではなく、自治体が抱える問題解決への共感を通じて寄付を集めます。最初に協力した埼玉県宮代町は、自然を守り、子供たちへの自然教育を目標として500万円を募ったところ、900万円以上の寄付が集まりました。その後、2023年時点で、実施されたプロジェクト総数は2170を超え、寄付の総額は149億円を超えています。ふるさと納税全体の規模からすれば、その額は限られています。しかし、こうした試みが少しでも増えていくことは、応援消費として重要なことです。

FIGURE 17　ふるさとチョイス

寄付

ふるさとチョイス

返礼品を受け取る

MEMO

エシカル消費を促す
メカニズム

応援消費やエシカル消費は、どのような要因によって促されるのでしょうか。これまでの研究は、大きく8つの要因を明らかにしています。これらの要因について確認することで、応援消費やエシカル消費をより広げていく方法を考えます。

慈善活動を促進する8つの要因

エシカル消費を広げていくにあたり、慈善活動を促進する8つ
の要因がヒントになります。

1 エシカル消費にも関わる8つの要因

　社会はもちろん、企業にとって、エシカル消費を広げていくこと
は重要な課題です。そのために、企業は様々なマーケティング・プ
ランを立案することができます。エシカル消費では、通常の商材の
販売や提供とは異なり、人々の倫理性に訴える必要があります。場
合によっては、商業性を犠牲にする必要があるかもしれません。純
粋にエシカルという観点からみた場合には、大きく8つの要因があ
ります。これらは、寄付をはじめとする慈善活動の促進を図る上で
重要だとされてきました。具体的には、①**必要性の認識**、②**勧誘**、
③**費用と便益**、④**利他主義**、⑤**評判**、⑥**心理的な費用と便益**、⑦**価
値観**、⑧**エフィカシー**です（Bekkers and Wiepking, 2011）。

2 何が、どこで、誰に働きかけるのかを考える

　慈善活動を促進させる8つの項目は、What（何が）、Where（ど
こで）、Who（誰に）という点で区分することができます。最初の
項目は「何が」であり、対象が物のように手に触れられるものか、
それとも、意識のように目に見えないものであるかを意味します。
例えば、「①必要の認識」は、目に見えるものである場合も、目に
見えないものである場合もあります。これに対して、「⑤評判」は、
基本的に見えないものだと考えられます。

2つ目の項目は「どこで」であり、それぞれの項目がどこで生じているのかという場所を意味します。例えば、「②勧誘」が生じるのは、人々の間だといえるのに対し、「⑦価値観」が生じているのは、個々人の心の中だと考えられます。

3つ目の「誰に」は、慈善活動の活動主体が誰かということと、その慈善活動のターゲットが誰なのかという2つの要素を含みます。慈善活動の活動主体は、受益者自身という場合もありますが、チャリティ関連の組織や企業の可能性もあります。場合によっては、慈善活動のターゲットとなる寄付者のようなドナーが活動主体になるかもしれません。ターゲットになるのは、受益者か、慈善活動を行うドナーの双方が考えられます。

FIGURE 18 慈善活動の促進要因

メカニズム	何が	どこで	誰に	
		一緒、外出先、人々の間	活動主体	ターゲット
1. 必要 (Need)	有形 / 無形	内的、外的、人々の間	受益者と組織	ドナー
2. 勧誘 (Solicitation)	有形 / 無形	人々の間	受益者と組織	ドナー
3. 費用と便益 (Costs/benefits)	有形	外的	組織	ドナー
4. 利他主義 (Altruism)	有形	外的	ドナーと組織	受益者
5. 評判 (Reputation)	無形	人々の間	他者	ドナー
6. 心理的な費用と便益 (Psychological costs and benefits)	無形	内的	ドナー	ドナー
7. 価値観 (Values)	無形	内的	ドナー	ドナーと受益者
8. 有効性 (Efficacy)	無形	内的	組織	ドナーと受益者

出典：Bekkers and Wiepking (2011)、928をもとに作成

必要性の認識

必要の認識で求められるのは個々人の主観的な気持ちであり、
この認識はメディアや周囲の人々の影響によって促進されます。

1 何が、どこで、誰に

慈善活動の必要性を認識することは、人々がその慈善活動を行う
上で最も重要な要因です。応援消費にせよ、エシカル消費にせよ、
あるいは推し消費ですら、人々が行動するだけの価値や意味がある
と思わなければ、そもそも行動することはないからです。慈善活動
の必要性は、震災被害のように目に見える場合もあれば、より抽象
的に何かに困っているという無形の場合もあります。どこで生じる
のかという点でも、個々人の内側の意識はもちろん、個々人の外側
にある規範や、人々の間で相互作用として生じることもあります。
誰にという点では、受益者やチャリティ組織が主体となり、慈善活
動を行ってくれるように人々に働きかけを行います。

2 援助される人々や組織を知っているかどうか

必要性の認識で求められるのは、客観的な必要性ではなく、個々
人の主観的な気持ちです。この認識は、**メディア**によって促進され
ます。例えば、テレビで宣伝されることの多い慈善活動を対象にし
た場合、その人のテレビを見る時間と慈善活動の間には正の相関が
みられます。また、後述するように、メディアだけではなく、周囲
の人々の影響も重要です。

必要性を認識してもらう方法は様々であり、まさにマーケティングの出番となります。例えば、ある研究では、不定期に寄付を行う人々にはダイレクトメールが効果をもたらしましたが、定期的に寄付を行う人々には、こうした効果はみられませんでした。

　必要性の認識は、相手の困難を自分が理解できるかどうかにかかっています。そのため、特定の病気で苦しんでいる親族や知人を持つ人々は、その病気と闘っている慈善団体に寄付をする傾向が高くなります。ペットを飼っている人は、他の慈善活動よりも動物愛護に寄付する傾向が強まります。自分の経験から、寄付の必要性が強く認識できるからです。

FIGURE 19　必要性の認識

必要だと思ってもらえるかが大事。
ペットが好きな人は、
ペットの募金に協力しやすい。

3 勧誘

勧誘は慈善活動を促進しますが、過度な勧誘は逆効果になる場合もあり、寄付者に負担をかけないよう注意する必要があります。

1 何が、どこで、誰に

寄付や慈善活動にとって重要になる2つ目の要素は、勧誘です。勧誘とは、その言葉のとおり、寄付や慈善活動を誰かに勧誘されることを意味します。勧誘もまた、目に見えるもの（例えば、資金集めの手紙）かもしれませんし、無形（個人的な依頼）かもしれません。勧誘は、当然誰かから行われることですので、人と人との間で生じる相互作用です。これらは、受益者またはチャリティ組織の関係者によって実施され、潜在的な慈善活動者を対象とすることになります。

2 だから人々は勧誘を避ける

例えば、寄付行為の大部分は、勧誘に応じて行われることが知られています。Independent Sector が1996年に行った「寄付とボランティアに関する調査」は、寄付行為のうち、実に85%が寄付に対する何かしらの勧誘に従って行われたことを示しています。同様に、2002年のオランダにおける寄付に関するパネル調査では、寄付行動の86%が寄付の勧誘のあとに実施されていました。この傾向は、おそらく日本でも同じであると考えられます。

　寄付に限らず慈善活動は勧誘によって促進されますが、勧誘すればするほどよいというわけではありません。例えば、より多くの人々から寄付を募るほど、平均寄付額は低くなる傾向があります。自分が寄付せずとも、誰かが寄付するだろうという予期が高まるからです。さらに、チャリティ組織は、個々人の寄付者にも過度の負担をかけないように注意する必要があります。個人に対して勧誘の回数を増やすと、「寄付者疲れ」が生じ、やはり平均寄付額が下がります。

　誰もが、人から誘われると断りにくいことを知っています。だからこそ、人々は寄付をはじめとした慈善活動の勧誘を避ける傾向があります。

FIGURE **20** 勧誘

直接勧誘の効果は大きい。
慈善活動は特に断りにくい。

費用と便益

慈善活動にかかるコストを下げることや、別のサービス・商材をおまけとしてつけるなどの対価を与えることも慈善活動を促進する要因になります。

1 何が、どこで、誰に

3つ目の要因は、寄付をはじめとする慈善活動に関する物質的なコストと便益の存在です。より具体的にいえば、金銭的価値を連想させる有形物を指します。これまでの4つの側面からみると、コストと便益は有形物であり、これらは慈善活動を行う人々に外側から作用するものです。実行するのは主としてチャリティ組織であり、慈善活動を行おうとする人々に影響を与えます。いうまでもなく、エシカル消費における消費行動は、こうした物理的なコストや便益とよく結びつきます。

2 金額を下げること

寄付をはじめとする慈善活動には、何であれ、お金に関連したコストがかかります。こうしたコストを引き下げることができれば、寄付や慈善活動は増えるはずです。例えば、寄付の場合には、しばしば寄付控除を通じた税制上の優遇があります。こうした優遇制度を手厚くすれば、寄付に対する実質的な金銭的なコストは低くすることができます。アメリカやイギリスは寄付大国として知られていますが、こうした国々でも、税制上の優遇措置は寄付に対して影響力を持っています。

　もちろん、寄付のコストははっきりとしたお金だけではありません。ある調査研究によると、寄付をする際に障害が少ないと感じる人ほど、寄付をする可能性が高まります。偶然的な要素として、身体的な不快感もまたコストであり、慈善活動を妨げます。天候が良ければ、人々は寄付をしやすいともいわれています。

3　フリンジベネフィット

　チャリティ組織への寄付や直接的な慈善活動に対し、別のサービスや商材がおまけとしてついていることがあります。あるいは、チャリティセールのように、ある商材の購入金額の一部が寄付されることもあります。例えば、大学、博物館、交響楽団に寄付した場合、特別な夕食会、会合、特別なコンサートに参加できることがあります。このような寄付は、その一部が消費動機に根ざしており、通常の購買として考えることもできます。

　こうした寄付に対する対価の存在は、**フリンジベネフィット**と呼ばれます。フリンジベネフィットは、選択されたカテゴリーの寄付とイメージが合っている場合により効果的となります。ふるさと納税はその一例といえます。

FIGURE 21　フリンジベネフィット

利他主義

利他主義は慈善活動の強い動機となりますが、インセンティブによってクラウディングアウトがどの程度生じるのかは議論の対象となってきました。

1 何が、どこで、誰に

個人が慈善団体に寄付をしたり、慈善行動を行うのは、その対象にもたらされるであろう良い結果に関心があるからです。この動機は**利他主義**と呼ばれ、いわゆる**利己主義**の対として考えられてきました。利他主義は、相手という目に見える対象からもたらされ、したがってそれは個人の外部に存在しているものです。利他主義は受益者が作り出しているものであり、その影響を受けるのは慈善活動に関わる組織やドナーとなる人々だと考えることができます。

2 クラウディングアウト

慈善活動に対し、利他主義が強い影響を及ぼすことはいうまでもありません。利他主義が強い人々は、寄付をはじめ様々な慈善活動に従事します。それゆえに、むしろ議論されてきたのは、利他主義と利己主義の関係であり、慈善活動において利己主義を追求した場合に生じる結果についてでした。

先のフリンジベネフィットの問題です。物質的な便益の影響は、寄付の口実にもなります。誰かを助けるために行っているのだとは言いにくい環境において、自分のために行っているのだと言えるわけです。この言い訳としての購入は、サイコロジカルカバーとして知られてきました。

一方で、人は、親切に対して物質的利益を受けると、親切から得るはずだった自己満足や気持ちを失ってしまい、その後の向社会的行動が減る傾向があります。この影響は、サイコロジカルカバーとは逆に、**クラウディングアウト**として知られてきました。

多くの結果からみますと、クラウディングアウトの存在の否定することはできませんが、それほど脅威に考える必要はないようです。利益を提供し、利己主義にも応えることは、利他主義を基本的に損なうことなく人々の慈善活動への意識や行動を高めます。企業がエシカル消費を促進することや、マーケティング施策に盛り込むことには意味があるということです。

22 利他主義

利己主義
・自分のために行動することが大事だと考える
・経済的活動やインセンティブの存在と結びつきやすい。ただ否定するのではなく、うまく利他主義と結びつけることが重要

利他主義
・他者のために行動することが大事だと考える
・寄付やボランティア、慈善活動、エシカル消費の重要な促進要因

評判

評判を得たいという気持ちは慈善活動の動機となりますが、過剰に評価獲得を目指すことはマイナスの影響を及ぼす可能性があります。

1 何が、どこで、誰に

評判の存在は、寄付をはじめとする慈善活動を行う人々にもたらされるであろう社会的影響に関係しています。これまでの区分からいくと、評判は個々人間で起こる無形の現象です。評判を作り出すものは、特定の誰かというよりは、不特定多数の他者です。彼らによって生み出された評判は、慈善活動を行う人々に影響を与えます。

2 慈善活動がもたらす良い評判

通常、寄付をはじめとする慈善活動は、ポジティブで良いことであると考えられています。多くの場合、慈善事業に寄付をする人々は、仲間や他者から高く評価されます。逆に、寄付をしないと評判が落ちます。寄付に対する評判を得ることは、最近では、**ピンクリボン**や**リストバンド**の出現によってより容易になっています。**赤い羽募金**の赤い羽もまた、評判を得る方法です。

ソーシャルメディアの広まりも、評判の獲得に一役買っています。評判の認知は、物理的にその場にいない人からも与えられます。自分の貢献が他者に認識されているとわかるだけでも、人々の慈善活動への意欲は高まるかもしれません。

3 評判になりたくないという気持ち

　ただし、評判を得たいという気持ちと、実際に評判を得るために行動するかどうかには乖離があります。特に日本人は、先にもみた陰徳の文化のように、慈善活動を隠して行うことを美徳としてきました。過剰に評判獲得を目指すことは、個人はもちろん、企業にとってもマイナスの影響を及ぼす可能性があります。こうした傾向は、日本に限らず、こちらも先に紹介したサイコロジカルカバーのように、程度の差はあれ世界共通です。

FIGURE
23 評判

SNSで
話題

ネットで
話題

評判も慈善活動を促進させる。
インターネット上の評判も重要。

心理的な費用と便益

他者を支援することは支援者に肯定的な感情をもたらします。
こうした感情も慈善活動の動機になります。

1 何が、どこで、誰に

寄付をはじめとする慈善活動は、社会的な便益をもたらすだけで
なく、その活動を行った人々に心理的な便益ももたらします。心理
的な便益とは、例えば寄付者が寄付をした結果、寄付者自身に与え
られる無形の便益と、寄付者が寄付をすることで回避できる無形の
コストの双方からなっています。慈善活動は、利他的な人、共感的
な人、社会的責任感のある人、好感の持てる人、影響力のある人など、
自己イメージに貢献します。さらに、多くの場合、慈善活動は罪悪
感を和らげ、嫌悪的興奮を軽減し、道徳的に公正な人間でありたい
という欲求を満たします。

2 与える喜び

他者を支援することは、支援者に肯定的な心理的結果をもたらし
ます。この感情は、「**共感的喜び（empathic joy）**」や「**温かい輝き
（warm glow）**」、「**与える喜び（joy of giving）**」と呼ばれます。人
間が与えることで楽しい心理的経験をする理由はいくつか考えられ
ます。例えば、慈善行動を通じて、罪悪感が軽減されます。また、
社会規範に沿って行動することで気分が良くなる、特定の（向社会
的、利他的）自己に沿って行動することで気分が良くなることが考
えられます。

この感情は、購買行動とも関連し、慈善行動を促進する要因となります。例えば、人々は、歯磨き粉のような機能的な商品を買うときよりも、アイスやヨーグルトのような気分に関わる商品を購入したときの方が、チャリティを行います。さらに、こうした感情は、「今日の気分は？」といった程度の日常的な会話によっても得られることがあります。多くの人は、この質問に対して、「元気です、ありがとうございます」と肯定的に答えるはずです。この一言で、人々の気持ちはポジティブになります。その後、相手は寄付の要請に応じる可能性が高くなります。寄付すると良い気分になれると伝えるだけで寄付が増加するともされます。

FIGURE 24 心理的な費用と便益

ポジティブな気持ちは、慈善活動を促進する。
そして、慈善活動は、
ポジティブな気持ちを生じさせる。

価値観

利他的価値観や向社会的価値観を持つ人は慈善活動に取り組み
やすいですが、それぞれの目指す理想によって行動は異なります。

1 何が、どこで、誰に

人は様々な価値観を持っています。最初にみた４つの観点からす
ると、価値観は無形で個人の心の中に存在しています。当然、慈善
活動を行う人々がその担い手です。向社会的な価値観の支持は、慈
善活動と正の関係があります。ただ、価値観の操作は不可能ではな
いにせよ難しく、そう簡単に変わるものではありません。

2 様々な価値観

先にみたように、利他的価値観を持つ人や、同様に向社会的価値
観を持つ人は、寄付をはじめとする慈善活動に取り組みやすいとい
えます。さらに、敬虔でスピリチュアルな人や、道徳的原則、社会
の秩序やコンセンサス、社会正義を重視する人は、世界をより良く
したいという動機を持ちやすく、慈善活動に前向きです。

ただし、それぞれが目指す理想的な世界がどのようなものかは、
その人の価値観によって異なります。人々は、慈善活動を通じて、
富や健康の分配をより平等にしたいと願うかもしれません。また、
貧困の削減、女性の地位向上、人権の保護、動物や野生生物、オゾ
ン層の保護などを望むかもしれません。

価値観は、政党のイデオロギーにも関係しやすく、それによって人々の行動は異なってきます。また、個人の価値観と組織の価値観が類似していると、その特定の団体に寄付をする確率が高まります。

FIGURE 25 価値観

スピリチュアル

敬虔

道徳

社会正義

募金

社会の秩序

エフィカシー

自分たちの活動が実際に支援につながると確信できる程度を示すエフィカシーが高いほど、慈善活動に取り組みやすくなります。効果のわからない活動に、人は関わろうとはしません。

1 何が、どこで、誰に

エフィカシーとは、慈善活動を行う人々が、自分たちの活動が実際に対象を支援し、変化をもたらすことができると信じる程度のことです。例えば、自分が寄付をしても相手を助けることはできないだろうと考える場合、人は寄付をしなくなります。逆に、自分の慈善活動によって相手を助けられると確信すればするほど、人々は慈善活動に実際に取り組むようになります。4つの側面から見ると、エフィカシーとは、チャリティ組織によってもたらされ、慈善活動を行う人々の心に形成されます。

2 内的エフィカシーと外的エフィカシー

エフィカシーは、さらに自分自身に関する**内的エフィカシー**と、相手に関する**外的エフィカシー**に分けて考えることができます。内的エフィカシーは、自分の能力に関連し、自分ならば相手を助けることができるという確信の程度を意味します。例えば、1000円の寄付を求められた場合、多くの人は支払うことができると考えるでしょう。しかし、100万円の寄付が必要であると言われた場合には、自分には無理だと感じる人が多くなるはずです。

一方で、外的エフィカシーとは、自分の行動を通じて、相手を本当に助けられるかどうかに関わっています。1000円の寄付をできるとしても、そんなことをしても相手は助からないであろうと感じるのであれば、やはり人は寄付をすることはないというわけです。また、チャリティなどの場合、相手が信頼できない組織の場合にも、エフィカシーは低くなります。寄付しても、相手が十分に活動してくれると思うことができないからです。

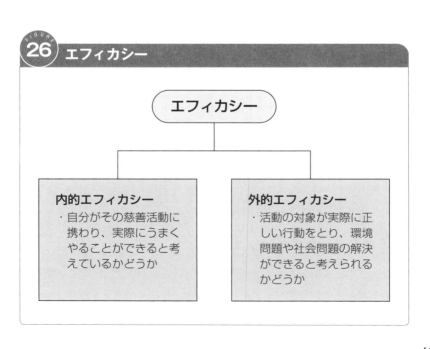

FIGURE 26 エフィカシー

```
エフィカシー
```

内的エフィカシー
・自分がその慈善活動に携わり、実際にうまくやることができると考えているかどうか

外的エフィカシー
・活動の対象が実際に正しい行動をとり、環境問題や社会問題の解決ができると考えられるかどうか

SHIFTフレームワーク

環境に配慮した消費行動を促すためのフレームワークである
SHIFTは、8つの要因と同じくエシカル消費を促進するためのポイントになります。

1 エシカル消費を促進させる別の枠組み

より持続可能な消費者行動、すなわち、商品、またはサービスの
ライフサイクル全体を通じて、環境への悪影響の減少、および天然
資源の利用の減少をもたらす消費行動を促すためのフレームワーク
の一つに、**SHIFT** があります（White, Habib, and Hardisty,
2019）。SHIFT では、**社会的影響力**（Social influence）、**習慣形
成**（Habit formation）、**個人の自己**（Individual self）、**感情と認
知**（Feelings and cognition）、そして**明白性**（Tangibility）とい
う大きく5つの要因に注目し、人々の向社会的行動の促進を目指し
ます。これらは、すでに紹介した8つの要因をゴロに合うように組
み直したものだといえます。ちなみにこれまでになかったところで
は、明白性について、グリーンウォッシュと呼ばれるような見かけ
だけの行動だと思われないように気をつける必要があることが指摘
されています。どちらで覚えても、エシカル消費を促進するための
ポイントを理解することができます。

2 態度と行動のギャップ

SHIFT は、持続可能な消費者行動を考える際に重要になる**態度と
行動のギャップ**を乗り越えること目指します。態度と行動のギャッ
プとは、消費者は、環境問題や社会問題に対して好意的な態度を示

す一方で、実際にそのために行動を起こすことは少ないということを意味します。環境への影響が少ない商品やサービスを購入した方がよいと思ってはいるものの、実際にはもっと他の要因、例えば値段の安い商品やサービスを購入してしまうというのは端的な例です。

例えば、世界の消費者の66%（ミレニアル世代の73%）が持続可能な商品に対して追加料金を支払う意思があると回答しています（Nielson,2015）。もし、彼らが本当にその意思を行動に移すことができるのならば、エシカル市場はより大きなものとなるでしょう。態度と行動のギャップは、マーケティング担当者、企業、公共政策立案者、そして消費者にとって、間違いなく最大の課題だといえます。

27 SHIFTフレームワーク

社会的影響
Social influence

人は他者の影響を受ける。社会的規範や、社会的アイデンティティ、社会的望ましさに注意する。

習慣形成
Habit formation

習慣を変え、新しい習慣をつくる。実行しやすい環境を整え、インセンティブや罰をうまく使い、結果をフィードバックする。

個人的自己
Individual self

自身の価値観や能力が重要になる。自己利益を優先する人であれば、それをうまく他者利益に結びつける。

感情と認知
Feelings and cognition

うまくラベリングして知ってもらうことや、うまくフレーミングして興味を持ってもらうことが重要になる。

明白性
Tangibility

慈善活動の意図が明白であること。疑いを持たれないようにすることとともに、未来の出来事は、そもそも明白にはなりにくい点に注意する。

事例：みんなのエシカル消費

消費者庁の「みんなのエシカル消費」というサイトでは、地方公共団体などが取り組んでいるエシカル消費に関連する事例を知ることができます。

1 消費者庁のウェブサイト

消費者庁では、エシカル消費を知り、実践してもらうため、地方公共団体をはじめ、企業も含め様々に行われているエシカル消費に関わる取り組みを募集し、**みんなのエシカル消費**というサイトで公開しています。こうしたサイトを確認することで、実際にどのような取り組みが行われているのか、またどのようにエシカル消費が推進されているのかを知ることができます。

2 様々な取り組み

集まっている事例は、2023年現在では地方公共団体のものが大半を占めています。東京都では、東京都エシカル消費普及啓発協力事業が実施されており、市区町村での啓発活動や、エシカル消費ロゴマークが提供されています。都内スーパーマーケット46店舗ではエコバッグの配布などが配布されました。大阪府では、**もったいないやん　へらそう食品ロス**というサイトが作られ、食品ロスに向けた啓発活動が実践されています。

同様の試みは、店舗側でも実践されています。例えばコープおきなわでは、「エシカルなお買い物」として、繰り返し利用できるマイバスケットの利用や、新聞紙エコバッグを推進しています。エコバッグは、さらに就労訓練を行っている障がいのある方々が作って

おり、一つの活動を様々に結びつけていることがわかります。

マイエシカル消費というコーナーでは、ENEOS の潤滑油も紹介されています。工場をはじめ必須の製品であり、安定供給は重要な課題です。合わせて、エシカル消費として注目されているのは、**脱炭素・循環型社会**への貢献です。CO_2排出量を抑えた商品として、省エネ、低燃費、長寿命の**カーボンリデューシング商品**や、植物由来基油や再生ベースオイルが用いられた**低炭素商品**が開発されています。

FIGURE 28 みんなのエシカル消費

出典：https://www.ethical.caa.go.jp/ethical-fun.html

地方公共団体や
企業の取り組みを紹介。

潤滑油によるカーボンニュートラルへの貢献

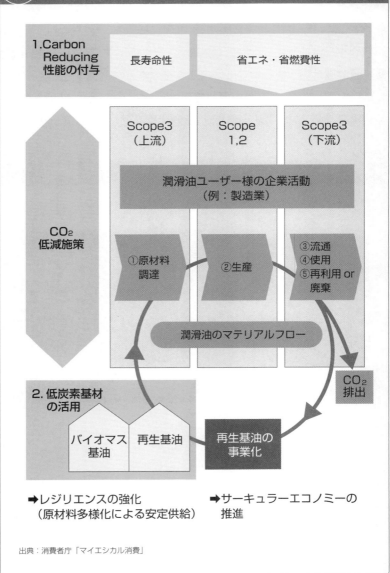

出典：消費者庁「マイエシカル消費」

66

エシカル消費の
マーケティング実践

商業マーケティングは、公共組織や非営利組織にとっても
重要な考え方であり、応援消費やエシカル消費を広めるため
に有用なアイデアを提供します。企業の責任がますます大き
くなる今日において、私たちができることを考えます。

ソーシャル・マーケティング

商業活動と社会的価値の実現を結びつけるソーシャル・
マーケティングは、応援消費を広げています。

1 商業マーケティングと社会的価値を結びつける

マーケティングとは、企業が、顧客との関係の構築と維持を目指
す諸活動の総称です。一般的には、魅力的な製品やサービスの開発
にはじまり、効果的なプロモーションや営業活動に至るまで、マー
ケティングの役割は広範です。今日の消費社会の影の功労者である
ともいえます。

こうしたマーケティングは、今日では商業活動においてのみなら
ず、非営利活動や公共活動にも応用されるとともに、商業活動の中
に社会的価値の実現が目的として含まれるようになってきました。
これらを総称して**ソーシャル・マーケティング**と呼びます。ソーシャ
ル・マーケティングは、1960年台後半のアメリカで広がり始め、
いまではマーケティングの重要なテーマの一つとなっています。

2 マーケティングの進化

20世紀初頭に生まれたといわれるマーケティングは、当初は大
量生産・大量消費の象徴であり、作りすぎてしまったものをどうやっ
て売り捌くのかという販売術としての側面を強く有していました。
こうした考え方は当然弊害も大きく、顧客にとって不要なものを売
りつけるという問題も孕んでいました。

マーケティングにとって重要だったのは、「作ったものを売るのではなく、売れるものを作る」という発想の転換です。こうすれば、顧客にとって不要なものを売る必要はなく、ものが売れ残るという心配もなくなるはずです。この考え方は、今日でも顧客至上主義としてマーケティングの根幹に位置づけられています。

マーケティングの進化は続きます。顧客の重要性に気づいたマーケティングは、今度はその顧客の範囲を広げていくことになるのです。商品やサービスを必要とし、ものを消費してくれる人々や組織だけではなく、信仰を必要とする人々や、支援を必要としている人々や組織にも応えること、誰でも、いまではマーケティングの対象となります。

FIGURE 30) ソーシャルマーケティングへの進化

作ったものを売る
・大量生産大量消費の時代には良かったが、うまく売らないと、売れ残ってしまう

売れるものを作る
・顧客が必要としているものを見定め、必要としている分だけ提供する。実現すれば売れ残ることはない

「顧客」の範囲を広げる
・誰が「顧客」なのか（そして、何を必要としているのか）を考えることがとても重要。消費者に限らず、公共組織や非営利組織でも同様

コーズリレーティッド・マーケティング

寄付や募金などと商業活動が結びついたコーズリレーティッド・マーケティングは魅力的な方法ですが、実践にあたっては注意点もあります。

1 大義と結びつけられたマーケティング

通常の商業マーケティングにおいても、寄付や募金といったエシカル消費に関係した活動が結びつけられることがあります。このやり方は**コーズリレーティッド・マーケティング**と呼ばれ、ソーシャル・マーケティングの定番の一つとなっています。

例えば、1980年代、アメリカン・エキスプレスは自由の女神修復キャンペーンを実施しました。このキャンペーンでは、カードへの加入やカード利用額に応じて、収益の一部が自由の女神修復の費用に寄付されました。この結果、寄付が集まったことはもちろん、アメリカン・エキスプレスのカード利用も大きく増加しました。類似したマーケティングとして、ボルビックの「1ℓ for 10ℓ」もよく知られています。この活動では、ボルビックが1ℓ売れるごとに、10ℓの水を供給できるようにアフリカの国々に支援が行われました。日本でもこの活動は大きな成果をあげました。

2 コーズリレーティッド・マーケティングのポイント

コーズリレーティッド・マーケティングは、企業の利益はもちろん、社会的な課題解決にも貢献できるという点で、魅力的な方法です。しかしながら、なんでも結びつければよいというわけではありません。大きく3つのポイントを指摘できます。

　第一に、結びつきが必然でなければなりません。アメリカを代表する企業であるアメリカン・エキスプレスと、やはりアメリカの象徴である自由の女神の修復は、結びつきがはっきりとしています。同様に、水を提供するボルビックが、水を支援することもよくわかります。なぜ、支援するのかという理由がはっきりしていない場合には、人々はその活動を疑いの目で見ることになります。

　第二に、その社会課題が、人々にとって重要なものでなければなりません。先にみたように、自分と関係のない課題については、私たちはなかなか重要度を認識することができません。

　最後に第三に、企業にとっては、通常のマーケティング活動と整合的である必要があります。ただ売り上げをあげたいというのならば、同様の費用を、開発費やプロモーションに当てた方が顧客のためになるかもしれません。

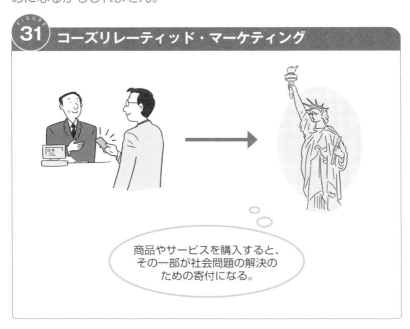

FIGURE
31 コーズリレーティッド・マーケティング

商品やサービスを購入すると、
その一部が社会問題の解決の
ための寄付になる。

CSRとCSV

企業が行う社会的な課題解決を目指す取り組みには、社会的責任を意味するCSRと共通価値の創造を目指すCSVがあります。

1 企業の社会的活動

企業の活動全般において、社会的な課題解決を目指すことは、CSR(Corporate Social Responsibility) や **CSV**(Creating Shared Value) として広まってきました。CSR とは、企業の社会的責任を意味し、日本では様々な災害支援や地域支援が行われてきました。重要になるのは、企業が多様なステイクホルダーを考慮する必要があるということです。具体的には、株主、顧客、従業員はもちろん、取引相手や地域住民などを挙げることができます。以前には、**メセナ活動**と呼ばれていたものも、広くは CSR に該当するといえます。

さらに CSV では、共通価値の創造を目指し、企業活動そのものを社会的価値の向上と直接結びつけることが目指されています。この試みは、コーズリレーティッド・マーケティングとよく似ているものです。企業も社会の一員として活動すべきことはいうまでもありませんが、企業が利益をあげることで、社会がより良くなることが重要です。

2 守りと攻めの側面

　企業にとって、CSRは守りとしての側面があるのに対し、CSVはより攻めの側面があるといわれます。CSRが守りであると考えられるのは、被災地支援や地域支援は、どちらかというと利益還元の側面があり、また従業員や取引相手への配慮は、法令遵守やコンプライアンスの問題として捉えられる傾向があるからです。

　一方で、CSVでは、こうした活動も含め、自社の利益と一体化することが目指されています。例えば、環境負荷削減を通じてコスト削減も実施することや、付加価値として新しい製品開発に活かすこと、あるいは新しい用途開発や販路開拓を通じて食品ロスを減らすこと、さらには地域支援を通じて雇用を安定化させることといった企業利益と社会的課題の解決の両立が求められます。

FIGURE 32 CSRとCSV

CSR　守りの活動
・企業利益の社会への還元
・法令遵守やコンプライアンス意識の向上

CSV　攻めの行動
・環境負荷削減を通じたコスト削減
・企業利益につながる付加価値の形成

パーパス経営

企業の存在意義や活動の目的を示すパーパスは近年注目されている言葉の一つであり、その目的に社会的な課題解決を組み込むことが求められています。

1 企業の社会的な存在意義

コロナ禍を前後してよく使われるようになった言葉の一つにパーパスがあります。直訳すれば目的や意義ということになります。企業の存在意義や事業活動の目的を見直す必要があるということであり、その目的に社会的な課題の解決を組み込むことが求められるようになっています。

よく事例として紹介されるのはパタゴニアのような企業です。同社はアパレルメーカーとして独特の地位を確立しています。2012年には、「最高の製品を作り、自然を害することなく、ビジネスを通じて環境危機の解決策を考え、実行に移す」ことをパーパスとして掲げるようになりました。興味深いのは、パーパスが名ばかりのものではなく、実際、社員のすべてがパーパスに則って行動しているということです。

2 コーポレートアイデンティティからパーパスへ

企業の存在意義や事業活動は、一度決めたら終わりではなく、環境の変化に合わせて絶えず見直す必要があります。日本では、かつてはコーポレートアイデンティティに関するブームがありました。製品ベースで考えられてきた企業の目的をより顧客ベースで考える必要があるということです。この流れの延長として、パーパスでは、

顧客の目的をより社会ベースで考える必要があるということになります。

　こうした事業の目的の見直しは、全社的な取り組みとなります。例えば、社員全員で事業の見直しを考えることは、社員の意識変革にもつながります。自社の価値の再発見や、働く意義の見直しにもつながるかもしれません。

　目的の見直しだけすればよいのではなく、実践のための組織づくりやステイクホルダーとの協力関係の構築も必要です。時間もかかることでしょう。しかし重要なのは、長期的にみて、こうした組織変革は環境の変化に対応する上で欠かせない試みであることです。

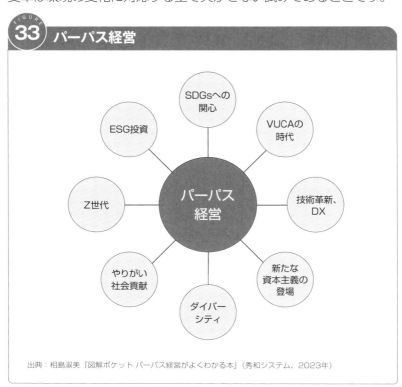

FIGURE 33　パーパス経営

出典：相島淑美『図解ポケット パーパス経営がよくわかる本』（秀和システム、2023年）

フェアトレード

公平・公正な貿易を意味するフェアトレードには、認証制度や世界的な基準があります。

1 公平・公正な貿易を行うこと

フェアトレードは、公平・公正な貿易を意味します。私たちは日々多くの消費を行いますが、その商品がどこからやってきているのかを知ることはあまりありません。いま食べている食材は、発展途上国の安い労働力を利用して生産されているかもしれません。

フェアトレードでは、認証制度が存在しています。例えば、fairtrade international は、日本にも特定非営利活動法人フェアトレード・ラベル・ジャパンがあります。彼らのサイトをみると、この認証制度が広まっており、多くの労働者を支えていることがわかります。現在、フェアトレード認証製品市場で大きな割合を占めるのはコーヒー、ココア、お茶、それから植物や綿花製品です。

2 WFTOの10の基準

WFTO（World Fair Trade Organization）では、フェアトレードの10の基準を提示しています。エシカル消費を促進する上で、企業がふまえるべき要点といえます。

1. 生産者に仕事の機会を提供する
2. 事業の透明性を保つ
3. 公正な取引を実践する
4. 生産者に公正な対価を支払う

5. 児童労働および強制労働を排除する
6. 差別をせず、男女平等と結社の自由を守る
7. 安全で健康的な労働条件を守る労働条件
8. 生産者のキャパシティビルディングを支援する
9. フェアトレードを推進する
10. 環境に配慮する

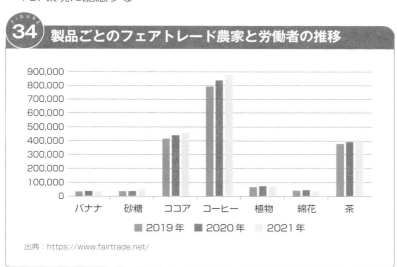

FIGURE 34 **製品ごとのフェアトレード農家と労働者の推移**

出典：https://www.fairtrade.net/

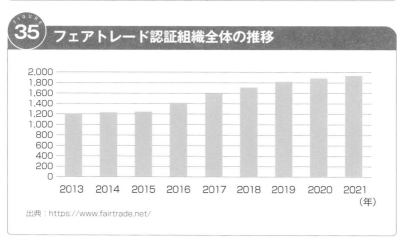

FIGURE 35 **フェアトレード認証組織全体の推移**

出典：https://www.fairtrade.net/

地域ブランディング

エシカル消費でも重視される地域への配慮を促進する取り組み
として、地域ブランディングがあります。

1 地産地消のエシカル消費と応援消費

エシカル消費では、地域への配慮が求められます。例えば、地元
の食材を選ぶことは、地元を応援することでもあり、地産地消とし
てこれまでも重視されてきました。観光地として、多くの人々に関
心を持ってもらうことも重要です。ではどうすれば選んでもらうこ
とができるのか。その一つが地域ブランディングです。

2 地域のブランド化

ブランドとは、企業やサービスに付けられた名前やマークのこと
です。名前やマークがあることで、その商品やサービスが保証され
たものであることがわかり（保証機能）、他の商品やサービスとは
異なるものであることが識別できるようになります（識別機能）。
さらに、名前やマークには、これまでの企業や組織の活動と人々の
利用経験が紐づいており、多くの意味が付与されています。この意
味が重要です。例えば、アップルやソニーといったブランドからは、
安心や安全、保証された優れた性能はもちろん、かっこよさ、高級感、
海外らしさや日本らしさ、それから自身の過去の経験などが想起で
きます（想起機能）。

地域もまたブランドの側面から考えることができます。例えば北
海道や沖縄といえば、観光地としてのイメージが十分に広まってい
ます。それは単に知られているというだけではなく、期待されてお

り、実際に評価されてきたということでもあります。

　ブランドの構築には時間がかかります。まずは地域のウリを考える必要があります。地元の商品やサービスはもちろん、文化や歴史、自然など、様々に考えることができます。ウリが見つかれば、その良さを多くの人に知ってもらい、興味を持ってもらい、納得してもらうための地道な活動が求められます。その中で、思っていたものとは違うものが評価を集めるかもしれません。そのフィードバックをもとに、自分たちの活動を見直していく——こうした活動の繰り返しの中で、だんだんと地域のブランドとしての価値は高まっていきます。

　なお、企業とは異なり、地域は特定の主体によって運営されているのではなく、住民をはじめとした多くのステイクホルダーから成り立っています。彼らをどのように巻き込んでいくのかということも、地域ブランディングの重要な課題です。

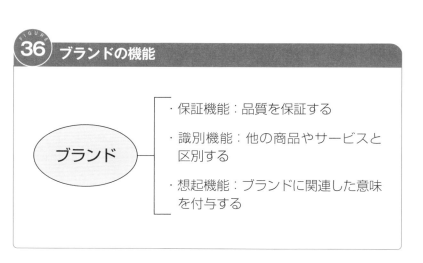

FIGURE 36　ブランドの機能

ブランド
- ・保証機能：品質を保証する
- ・識別機能：他の商品やサービスと区別する
- ・想起機能：ブランドに関連した意味を付与する

ブランド・アクティビズム

社会変革を目指すとともに、ブランド価値そのものを改革して いく取り組みであるブランド・アクティビズムが近年注目されて います。

1 主義主張を伴うブランド

先にみたコーズリレーティッド・マーケティングでは、コーズ（大 義）がマーケティングに組み込まれます。また、CSR も同様に、 社会的価値の実現が企業責任として課せられます。こうした傾向の 先鋭的な活動として、近年注目されているのは**ブランド・アクティ ビズム**や**ボーク・アクティビズム**です。

一般的に、コーズリレーティッド・マーケティングや CSR では、 被災地支援や教育支援の拡充など、誰もが受け入れやすいテーマを 掲げています。これに対し、ブランド・アクティビズムでは、政治 的メッセージを伴うような物議を醸す問題に積極的に取り組むこと で、社会変革はもちろん、ブランド価値そのものを変革し、その価 値を高めていくことを狙います。

2 先行する海外企業

日本では、ブランド・アクティビズムはまだ広まっていません。 しかし、海外に目を転じると、こうした取り組みを始めている企業 が存在しています。例えば、ナイキは、Black Lives Matter 運動 において、積極的に運動を支援したキャンペーンを実施しました。 彼らは、人々に対し、アメリカに人種差別がないふりを止めるよう にアピールし、沈黙せず、声を上げるように呼びかけました。こう

した活動は、人によっては不快に感じられたり、反対したくなったりするものです。実際、ナイキのこうした活動に対して、賛成の声だけではなく反対や非難の声が上がりました。

　ブランド・アクティビズムは、社会変革を目指すことはもちろん、その変革の担い手として自らのブランドを位置付けるものです。うまくいけば、その運動に賛成する人々との強固な絆を構築し、明確に差別化されたブランド価値を構築することにつながります。

37 ブランド・アクティビズム

▲ナイキはBlack Lives Matter運動に積極的に取り組んでいたアメフトのコリン・キャパニック選手を広告に起用し、大きな話題になった。

https://www.wwdjapan.com/articles/752744

ボイコットとバイコット

政治的消費と呼ばれるボイコットやバイコットは以前から人々
の間で行われてきたものであり、応援消費にも関係しています。

1 消費を通じた人々の政治的行動

ブランド・アクティビズムと関係して、政治的なメッセージを伴
う行動は、人々の間で以前から行われてきました。消費行動という
点では、**ボイコット**と**バイコット**がよく知られています。ボイコッ
トとは、政治的、倫理的などの理由から、特定の商品やサービスの
購買を取りやめることです。バイコットとは、逆に、同様の理由から、
特定の商品やサービスを積極的に購入することです。

より一般的に知られてきたのは、ボイコットです。消費行動に限
らず、今日でも様々なところでボイコットが行われています。同時
に、応援消費やエシカル消費という点で興味深いのは、バイコット
もまた広く行われるようになっているということです。買って応援
という言葉が意味するのは、まさにバイコットであるといえます。
ボイコットやバイコットというと、少し重たいイメージがあるかも
しれません。これに対して、応援消費はより日常的でカジュアルな
行動として捉えることができます。

2 投票行動としての消費

ボイコットやバイコットは、**政治的消費**と呼ばれます。政治的な
問題に関連づけられる消費行動ということですが、同時に、政治で
一般的な選挙行動と消費行動を結びつけてもいます。すなわち、何

かを購入し消費することは、その商品やサービス、さらにはそれらを生産している企業を支持し、一票を投じることなのだということです。

　推し消費においても、CDが投票権と結びつけられていることがありました。それは企業側のマーケティングや戦略だったといえますが、政治的消費という観点からいえば、典型的な行動だったということになります。日常において、私たちは自分たちの消費行動が投票行動であると考えることはあまりありません。しかし、応援消費においては、投票行動としての側面がより強く現れるとともに、企業にとっては無視できない課題になる可能性があります。

FIGURE 38　ボイコットとバイコット

ボイコット
・政治的、倫理的理由により、特定の消費やサービスの購入を取りやめること
・不買運動

バイコット
・政治的、倫理的理由により、特定の商品やサービスを積極的に購入すること
・応援消費

事例：午後の紅茶 for HAPPINESS 熊本県産いちごティー

キリンビバレッジ株式会社は熊本の復興支援を目的として、自社ブランド初となる国内復興応援型製品を販売しました。

1 熊本県産いちごティー

2021年、キリンビバレッジは、「キリン 午後の紅茶 for HAPPINESS 熊本県産いちごティー」を、全国で数量限定発売することを発表しました。熊本県のオリジナルいちごである「ゆうべに」と熊本県産紅茶葉を使用し、売上1本につき3.9(サンキュー)円を熊本復興応援のために寄付します。「午後の紅茶」ブランドとして、初の国内復興応援型製品でした。

熊本は、キリングループが2016年から熊本地震の被災に対する支援に取り組み、復興から未来へつながる活動を推進してきた地域です。また、「午後の紅茶」ブランドでは、2016年から2018年まで、熊本県南阿蘇鉄道見晴台駅や白川水源でCM撮影を実施し、南阿蘇村の美しい風景を発信していました。こうしたつながりのある熊本県との取り組みが実を結びました。

2 多様な価値が期待できる

いちごティーの販売は2021年から3年間にわたり継続して行われており、寄付金による地域復興に加え、商品自体の認知度向上や紅茶に使用された「ゆうべに」のニーズの高まりなど波及効果ももたらしています。このように持続的かつ多様な価値をもたらす取り組みは広く注目されています。

例えば、近年では、大手量販店はこうした社会貢献を伴う商品の

取り扱いには積極的です。特に、地元関連商品だとすれば、熊本や九州での配荷率は高まるでしょう。九州の営業スタッフの士気も上がるかもしれません。このとき、他の午後の紅茶ブランドも一緒に陳列されれば、一緒に購買される機会はもちろん、午後の紅茶ブランドの認知やブランドイメージの向上も期待できます。購買した消費者も SNS などで口コミしやすいでしょう。

　マーケティングでは、重要な要素としてマーケティング・ミックスが知られています。製品、価格、販路、プロモーションの4つです。エシカル消費においても、これらの組み合わせを考えることで、社会的な価値と経済的な価値の両立を目指すことができます。

39

事例：午後の紅茶 for HAPPINESS 熊本県産いちごティー

▼キリン 午後の紅茶 for HAPPINESS 熊本県産いちごティー

▲午後ティーHAPPINESS プロジェクトのロゴ

画像提供：キリンホールディングス株式会社

事例：サラヤ株式会社

サラヤ株式会社は国際的な環境保全の取り組みである「緑の回廊計画」に参加するとともに、販売商品の売上の一部を保全活動の資金に充てるといった活動を行っています。

1 ヤシノミ洗剤とパーム油

サラヤは、1952年に大阪で創業した消毒液や洗剤等衛生用品の製造メーカーです。このサラヤのロングセラー商品の一つに、ヤシノミ洗剤があります。文字どおり、アブラヤシという植物のパーム油を用いた洗剤であり、無香料、無着色です。石油を使っていないことから排水の汚染を防ぎ、肌にも環境に優しいことを大きな特徴としてきました。

ところが2004年、サラヤにテレビの取材を通じて衝撃の事実が伝えられます。パーム油を取るためにアブラヤシが大量に伐採されており、そこに住む野生の象が大きな害を被っているというのです。環境に良いと思っていた商品が、実は環境を破壊していたかもしれない――サラヤにはこれを機に批判が寄せられるようになり、企業としての対応を迫られることになりました。

2 パーム油をただ否定するのではなく、ゾウを守る環境に投資する

パーム油の利用を止めることは一つの選択肢です。しかし、パーム油そのものは食品にも広く利用されています。サラヤだけがパーム油の利用をやめたところで、本質的な問題は解決しません。

2005年、サラヤは日本で初めてRSPO（持続可能なパーム油の

ための円卓会議＊）に加盟しました。そして、ゾウの生息環境の保全とアブラヤシの持続可能な生産を具体化する「緑の回廊計画」に邁進することになります。ボルネオ島のキナバタンガン川沿岸で、野生生物が生息するために最低限必要な沿岸の開墾地を森に再生し、分断された熱帯雨林を一つにする計画でした。

サラヤは、いまでもヤシノミ洗剤やその関連商品の売上の1% をボルネオ保全トラストの活動支援金に充てています。また、「ハッピーエレファント」などの新しい商品の開発も進め、象を守る姿勢を前面に押し出すようになりました。

今日の社会問題の多くは、複雑な構造を伴っています。一つの問題を解決することは、別の問題を引き起こすことになるかもしれません。企業の責任がどこまで及ぶのかを考える必要があります。

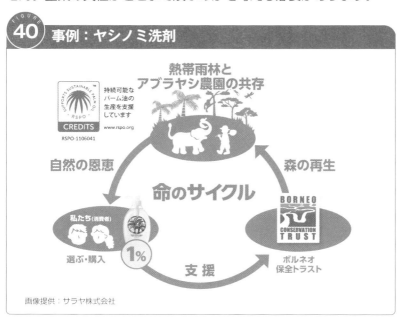

FIGURE 40 事例：ヤシノミ洗剤

画像提供：サラヤ株式会社

＊ **RSPO** Roundtable on Sustainable Palm Oil の略。持続可能なパーム油のための円卓会議。

MEMO

推し消費の広がり

　応援消費のもう一つの重要な側面、推し消費について確認します。今日の推し消費は、多様な活動と結びつき、ポップカルチャーを中心として大きな市場を形成しています。

推し消費とは

　　好みの人物やキャラクターなどを応援したり感じたりする推し消費は近年注目されている言葉ですが、古くは能楽師や歌舞伎役者、昭和のアイドル支援として存在していたと考えられます。

1 推し消費とは

　冒頭で述べたように、推し消費とは、消費者にとっての好みの対象である「推し」を応援したり感じたりする一連の行為のことを指します。「消費」という言葉を使いますが、以下では、推しに関連するモノやサービスを消費する行為だけでなく、消費に先立つ**情報収集行為**や**購買意思決定行為**、さらにはグッズなどを手放す**廃棄行為**も含むこととします。「推す」という言葉自体は、「薦める」という意味も含むことから、他人に表明したいほどの強い応援の意思があるものとして考えることができます。好みの対象としての「推し」は、有形物・無形物を問わず様々ですが、主としてマンガ・アニメ・ゲームのキャラクターや、アイドル・タレント・クリエイターなど、人格を持つとされるものとします。

2 「推し」という言葉のはじまり

　人物やキャラクターを応援したり感じたり行為自体は決して新しいものではなく、古くは室町時代の能楽師や江戸時代の歌舞伎役者を支援する行為、近代ではタカラジェンヌを支援する行為、そして昭和の「アイドル」を支援する行為としてすでに存在していたと考えることができるでしょう。

しかし、「推し」という言葉が使われ始めたのは2000年以降のことで、全国紙の中で最も古いものとして確認できるのは、2009年7月24日の朝日新聞朝刊の記事の中です。女性アイドルグループ、AKB48関連サービスの紹介の中で**推しメン**という用語の中で使われました。

一方、**X**（旧Twitter）上で「推し」という言葉が初めて確認できるのは2007年4月19日の投稿であり、女性アイドルグループ、「モーニング娘。」に関する内容と思われるものの中で使われています。上記の両アイドルグループは、メンバーの成長過程（オーディションからデビューまでの過程や、マイナーからメジャーへの過程、ファン投票によるセンター争いの過程など）を、マスメディアを通じてエンターテインメント化したという特徴があります。

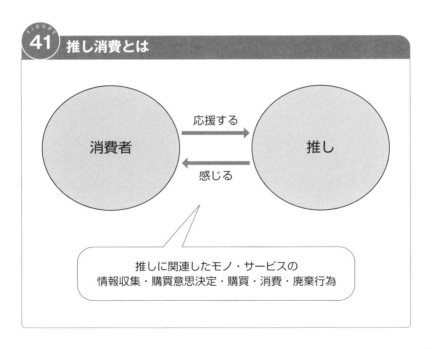

FIGURE 41 推し消費とは

消費者 → 応援する → 推し

推し ← 感じる ← 消費者

推しに関連したモノ・サービスの
情報収集・購買意思決定・購買・消費・廃棄行為

多様な推し消費

推し消費は商品・サービスの消費にとどまらず、派生消費や創造的行為、関連情報の収集や共有など様々なタイプのものがあります。

1 「公式」商品・サービスの消費

推し消費といっても、そのタイプは様々であり、図52のように整理することができます。特に**公式**と呼ばれる、著作権等を管理する組織またはその許諾の下に提供される商品・サービスの消費には、CD・DVD、単行本、動画配信サービスなどの「メディアを通じた視聴」、ライブ、ライブ配信、舞台、握手会などの「イベントへの参加」、フィギュア、缶バッジ、アクリルスタンド、トレーディングカード、ぬいぐるみなどの「グッズの購入・消費」が含まれます。

2 多様な推し消費

推し消費には、「公式」から提供される商品・サービスの消費にとどまらず、極めて多様なタイプが見られます。推しの担当カラーにちなんで髪を染めたり、推しが販売促進に起用された商品を購入したりする「関連商品・サービスの消費」や、ライブをより楽しむための双眼鏡や服装の購入などの**派生消費**といった消費の広がりがあります。商品やサービスの「消費」だけではなく、消費者自身がグッズを製作したり、グッズで部屋をデコレーションしたりする**創造的行為**や、ソーシャルメディアを通じて推しに関連した情報を集めたり、考察を投稿したりする**関連情報の収集や共有**もあります。聖地巡礼と呼ばれる、推しにちなんだ場所を訪れる行為や、推しにちな

んだぬいぐるみを屋外で撮影するために出かけるなどの**エクスカーション**としての推し消費もあります。さらに、投げ銭のように、金銭を払いながらも商品・サービスの消費は行わない**経済的支援**といった形態もあります。その他、コスプレをしたり、ファンレターを書いたり、振り付けを覚えたりといった行為も推し消費に含まれます。

<table>
<tr><td>FIGURE 42</td><td colspan="2">推し消費のタイプ</td></tr>
</table>

推し消費のタイプ	例
メディアを通じた視聴	テレビ番組、CD・DVD、単行本、マンガアプリ、映画、ゲーム、動画配信サービスなど
イベントへの参加	ライブ、ライブビューイング、ライブ配信、舞台、イベント、握手会、公開収録の参加など
グッズの消費	フィギュア、缶バッジ、アクリルスタンド、トレーディングカード、ぬいぐるみなど
関連商品・サービスの消費	推しの担当カラーにちなんだ商品、「推し」が宣伝・コラボする商品、二次創作物など
派生消費	推し消費に必要な移動・宿泊サービス、ライブ用の双眼鏡・服装など
創造的行為	グッズの自作、グッズによる部屋のデコレーション、同人誌の執筆など
関連情報の収集や共有	ソーシャルメディアを通じた情報の収集・共有、ランダム商品の交換取引情報の投稿など
エクスカーション	聖地巡礼、推しをモチーフにしたぬいぐるみの屋外写真撮影（ぬい撮り）など
経済的支援	投げ銭行為、ファン主催のバースデー広告のクラウドファンディングなど
その他	コスプレ、ファンレター、ライブの振り付けを覚えるなど

拡大する推し消費市場

アニメ、アイドル、同人誌の各市場の動向をみると、推し消費に関わる消費者の数が増加し、消費金額も増加していることが推測されます。

1 アニメ市場の動向

推し消費市場の動向として、まず**アニメ市場**に注目すると、2021年のアニメ産業市場は2兆7422億円と、2002年の1兆968億円から約2倍以上に拡大しています（日本動画協会,2022より）。この内訳はTV、映画、ビデオ、配信、商品化、音楽、海外、映画、ライブであり、半分以上を海外市場が占める構成となっています。また、矢野経済研究所の『クールジャパンマーケット／オタク市場の徹底研究 2022〜消費者調査編〜』によると、アニメオタク推定人口は、2020年の629万人から2022年には685万人に増加し、一人当たりの年間消費額は、2020年の26150円から2022年には35799円に増加しています。

2 アイドル市場の動向

アイドル市場については、矢野経済研究所の同報告書によると、アイドルオタク推定人口は、2020年の309万人から2022年には361万人に増加している一方、一人当たりの年間消費額は、2020年の97112円から2022年には93704円に減少しています。しかし、推定人口と一人当たり年間消費額を掛け合わせた数値（市場規模）を算出すると、コロナ禍からの回復の影響もありますが、2020年は約3000億円であったのに対して、2022年は約3400

億円に増加しました。また、同調査の中では、あらゆるオタク分野の中で、アイドルが時間もお金もかける人が最も多い分野であると報告されています。

3 同人誌市場の動向

　毎年8月にはテレビの報道番組でも取り上げられることの多い同人誌即売会、**コミックマーケット**の来場者数の推移を見てみると（コミックマーケットホームページより）、1975年の第1回が推定700人であったのに対して、コロナ前の2019年第97回は75万人にまで拡大しています。以上の数値は推し消費市場を直接測定するものではありませんが、推し消費に関わる消費者の数が増加し、消費金額も増加していると推測できるものであります。

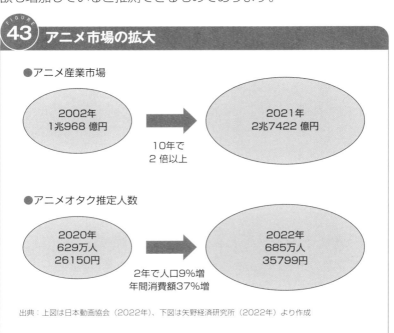

FIGURE
43 アニメ市場の拡大

●アニメ産業市場

2002年
1兆968億円

10年で
2倍以上

2021年
2兆7422億円

●アニメオタク推定人数

2020年
629万人
26150円

2年で人口9%増
年間消費額37%増

2022年
685万人
35799円

出典：上図は日本動画協会（2022年）、下図は矢野経済研究所（2022年）より作成

推し消費の対象としての ポップカルチャー

> ポップカルチャーは大衆が気軽に楽しめるエンターテインメントであり、アクセスが容易、直感的・情緒的に楽しめるといった特徴があります。

1 ポップカルチャーとは

　推し消費の対象となるのが主に**ポップカルチャー**です。近年、マンガ、アニメ、ポピュラー音楽、ゲームなどのポップカルチャーは、世界中の若者の間で人気を集めています。ポップカルチャーとは、その名のとおり「**大衆（Popular）**」が気軽に楽しめるエンターテインメントです。大衆が気軽に楽しむ上では、主として直感的・情緒的に楽しめることが重要であるため、ポップカルチャーは、初めて楽しむのに事前知識をあまり必要としないエンターテインメントとして捉えることができます。マンガやアニメなどのポップカルチャーは、もちろん詳しい情報をもって知的に楽しめる側面も有していますが、主としてその楽しみ方は直感的であり、情緒的です。楽しむのに知識がそれほど必要とされないのであれば、未熟な子供や若者も気軽に楽しむことができ、楽しめる人々のすそ野の広さがポップカルチャーの大きな特徴といえます。

2 気軽に楽しめるポップカルチャーの特徴

　ポップカルチャーは、より多くの人が気軽に楽しめるという意味では、楽しむ方法としてのメディアにも特徴があります。ポップカルチャーを最初に楽しむための入り口は、劇場での公演のようにアクセスに金銭的・肉体的・心理的コストを要するものに限定されず、

テレビ番組、雑誌、単行本、CD・DVD、インターネットを通じた配信など、消費者にとってアクセスが相対的に容易なメディアが入り口となりえます。また、ポップカルチャーを、**サブカルチャー**や**カウンターカルチャー**と似たものとして捉える立場もありますが、誰もが気軽に楽しめるという点では、主流や権威への対抗といった思想に基づいて楽しむべきものとして限定される必要がないこともポップカルチャーの大きな特徴です。

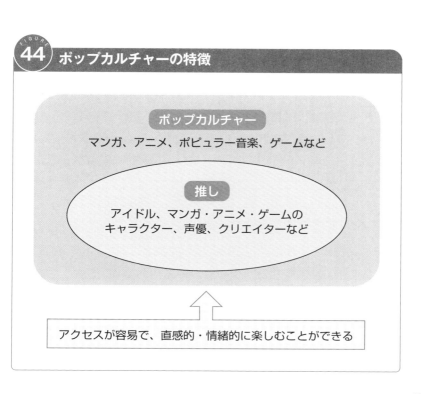

44 ポップカルチャーの特徴

ポップカルチャー

マンガ、アニメ、ポピュラー音楽、ゲームなど

推し

アイドル、マンガ・アニメ・ゲームの
キャラクター、声優、クリエイターなど

アクセスが容易で、直感的・情緒的に楽しむことができる

5 多様化する推し消費の対象

推し消費が広がる背景には、アニメ作品の増加やアイドルの活動拠点の多様化、継続的に良質なマンガを生み出すシステムなど、「供給」の多様化があります。

1 推しの多様化

　推しのタイプは、アイドル、俳優、マンガ・アニメのキャラクター、アニメの声優、絵師、近年では**クリエイター**と呼ばれる動画配信者など多岐にわたりますが、こうした推し消費の「供給」が近年多様化していることも、推し消費が広がる重要な要因となっています。日本動画協会によれば、製作されるテレビアニメ作品タイトル数は、2002年には154本だったのが、2021年には310本と、約2倍に増加しています。アイドルなどのアーティストについても、マスメディアや大きなライブ会場を活躍の場とするだけでなく、小さなライブハウスや動画共有サイトなどを活動の拠点とするアイドルが存在するなど、身近さという点においてより多様な応援の仕方が可能となっています。

2 良質なマンガを多数生み出すシステム

　特にアニメの原作となることの多い**マンガ**においては、良質な作品を多数生み出す仕組みがとりわけ日本において存在しています。マンガ週刊誌のマーケティング志向と競争志向の下、ターゲットとなる読者層が明確に設定され、とりわけ子供だけでなく、若者や大人の興味をも惹きつけるのに足る良質なストーリーを生み出すシステムがあります。具体的には、1週間をサイクルとしたストーリー

作成、原作・作画分離方式、担当者制度、読者アンケート、マンガ家専属制度、マンガ家育成志向など、偶発的な作者の創造性に依存するのではなく、継続的に良質なマンガを生み出す「システム」が機能しています（三浦, 2022）。結果として、このようなシステムによって生産されるマンガには、消費者の興味をそそる世界観やキャラクターが設定され、そして続々と新しいストーリーやキャラクターが創出されることになり、各消費者が自らの好みに応じて推すことのできる下地ができあがっていると考えることができます。

CHAPTER

5

推し消費の広がり

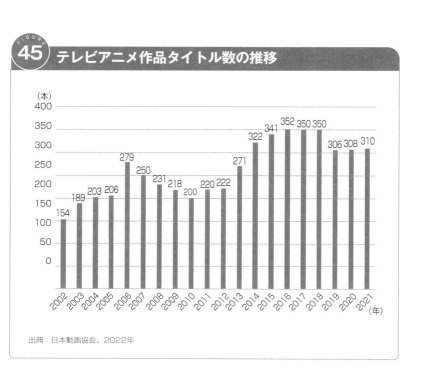

FIGURE 45　テレビアニメ作品タイトル数の推移

出典：日本動画協会、2022年

推し消費を支えるメディア要因

推し消費はオンラインサービスによってそのあり方が大きく変わるとともに、他の消費者と共有することなども可能となりました。

1 オンラインサービスによって変わった推し消費

かつて主としてマスメディア、CD・DVD、雑誌・単行本などオフラインのメディアやライブなどを通じて行っていた推し消費でしたが、インターネット、とりわけインターネット上のプラットフォームサービスの登場によって、推し消費のあり方は大きく変わりました。まず、インターネット上の配信サービスやアプリケーションの利用によって、アニメ作品などは、DVDを購入する必要もなく、時間やデバイスを選ばず何度でも視聴することが可能となり、視聴者の裾野は広がりました。ライブも同様で、パフォーマンスが行われる会場に実際に出向くだけでなく、配信サービスや**パブリックビューイング**によって世界中のファンが同時に楽しむことができるようになりました。

グッズ等の購入も必ずしも店舗に行く必要はなく、Amazonなどのオンライン小売業者、楽天などのオンラインプラットフォーマー、そして「公式」のサイトから直接、いつでもどこからでも購入することが可能となりました。さらにソーシャルメディア上の公式アカウントを通じて、ファンは推しから直接発信された投稿を閲覧したり、投稿にリアクションできたりするようにもなりました。

2 オンラインメディアを通じた消費者間での推し消費の共有

　また、インターネット上の短文投稿サイト、画像投稿サイト、動画共有サイトなどの**ソーシャルメディア**を利用することで、他の消費者の推し消費を共有することも可能となりました。例えば、ライブに行った感想、アニメ作品の展開に関する考察、推しの軌跡のまとめ、編集動画、自らが制作したアート作品などを、ソーシャルメディアを通じて発信することで、それらを視聴する他の消費者の推し消費に影響を与えることになります。とりわけ、動画共有サイトなどでそうした投稿が蓄積されていくことで、推しに関する情報はアーカイブ化され、それらが推しに関するコンテンツとしての役割を果たすことになります。

FIGURE 46　オンラインサービスによって変わった推し消費

推し

オンライン・
プラットフォーム

配信サービス
配信アプリケーション
ライブ配信
オンライン小売業者
オンライン・プラットフォーマー
ソーシャルメディア

消費者

消費者

CHAPTER
5
推し消費の広がり

MEMO

推し消費ビジネスの 魅力

　人々は、どうして推し消費を行うのでしょうか。推し消費
を行う人々は、推しに対して高い関与を持っています。この
関与の高さが作り出す推し消費は、様々なビジネス上の魅力
につながります。

高関与購買行動

消費者の高関与購買行動により、コスト削減や高価格設定など
が可能となるため、推し消費は投資に対して得られるリターンの
比率が高いと考えられます。

1 プロモーション費用の削減・売上増

推し消費は、関連する産業のビジネスにとって非常に魅力的です。
何をもって魅力的であると判断するのかは議論の余地があります
が、関連する企業による投資に対して得られるリターンの比率が一
般的に高いと考えられます。その魅力を構成する一つの要素が、消
費者の**高関与購買行動**です。

推し消費を行う消費者は、推しに対する関与度が高いため、まず、
関連した商品やサービスの購買に先立ち、能動的な情報収集を行い
ます。消費者自らが企業のホームページなどの情報源に能動的にア
クセスしてくれるため、企業側から消費者に働きかける必要性は低
く、テレビ広告など高額なプロモーション費用の削減が可能です。
次に、同じような商品であっても、すべてのバリエーションを購入
しようとするという意味で購入点数は多くなったり、同じものを何
度も購入する頻度も高くなったりします。例えば、好きなキャラク
ターがプリントされた缶バッジを全種類収集しようとするかもしれ
ません。

2 高価格設定・短い流通

関与度が高いと、関連商品に対して執着する度合いは強いため、
推しに関連する商品・サービスを排他的かつ継続的に購入・消費す

る傾向にあります。結果として、相対的に高価格の設定が可能です。実際に、筆者が訪れた、あるアニメの聖地の商店街に設置されているドリンクの自動販売機では、普通のミネラルウォーターが110円で販売されているのに対して、パッケージにキャラクターをあしらったものは160円で販売されおり、約1.4倍の価格設定が可能であることがわかります（田嶋 ,2022a）。

高関与な消費者は、購買場所へのアクセスに労力を惜しまない傾向にあるため、相対的に利便性に配慮する必要性は低くなります。したがって、売り手は、必ずしも消費者の身近にある小売店に販路を委ねる必要はなく、自社 EC サイトや、限られた数の直営店を通じて消費者に直接販売することも可能です。そうなった場合には、中間流通を通さないぶん、より大きな利幅が期待できるでしょう。

47 高関与型消費者のビジネス上の利点

高関与型消費者の行動特性	ビジネス上の利点
能動的な情報収集を行う	・企業側から消費者に働きかけるプロモーション（例：マス広告）に費用をかける必要性は低い
推し関連商品に執着する度合いは強い	・同じ製品カテゴリーの購入点数が多く、購入頻度も高い ・排他的に購入するため製品カテゴリー内での競争が起きにくい ・相対的に高価格の設定が可能
購買場所へのアクセスに労力を惜しまない	・立地の利便性に配慮する必要性は低い ・中間流通を通さず、自社 EC サイトや限られた直営店での集客・販売も可能 ・中間流通を通さない場合、利幅は大きい

共有・推奨行動

推し消費は消費者同士の情報共有行動によって促進されること
もあり、企業にとっては費用をかけずにプロモーションができる
というメリットがあります。

1 推し消費の社会的側面

推し消費には個人的な側面だけでなく、社会的な側面も含まれま
す。すなわち、ある消費者が情報を発信・共有したり、実際に他人
と行動を共にしたりする行為によって、さらなる推し消費を生み出
します。特に、インターネットの発展とモバイルデバイスの普及に
よって、消費者は都合の良い時間と場所で情報を発信・取得できる
ようになりました。

例えば、短文投稿サービス（Xなど）を通じては、推しが出演す
るライブ会場でのリアルタイムな現地レポート、ライブや番組出演
後の感想、推しの動静（海外タレントの来日情報、メディアへの出
演予定情報）に関する情報、ランダム商品の交換取引に関する情報
の発信・共有を行います。また、画像共有サービス（Instagramな
ど）を通じては、ぬいぐるみなどのグッズの写真や、推し消費の記
録を写真とともに日記として投稿します。動画共有サービス・機能
では、痛バッグなどの自作グッズの作り方の手順やグッズの収納方
法などを動画で投稿します。一方、リアルな社会的な行動としては、
ファン同士で自主的に集まり、オフ会や「推し不在の誕生日会」を
開催したりします。

2　顧客エンゲージメント

　こうしたファンによる情報共有行動は、**顧客エンゲージメント行動**と呼ばれ、他の消費者の推し消費に多かれ少なかれ影響を与えます。他の消費者の投稿を見た消費者は、新商品の発売を知ったり、推しに対する理解が深まったり、その結果として推しをさらに好きなったり、そして商品やサービスの購入・利用に至ることが考えられます。消費者のエンゲージメント行動は、企業によるコントロールが難しい反面、プロモーションとして考える場合には、企業には直接的な費用負担がないという意味で魅力的です。一方、企業によるコントロールが難しいことで、企業にとって好意的な行動ばかりではなく、炎上などネガティブな効果があることも留意しなければなりません。

FIGURE 48　**エンゲージメント行動によるプロモーション効果**

プロモーション効果

エンゲージメント行動

消費者　　　　　　　　　消費者

製品カテゴリー間の垣根は低い

推し消費において消費者は製品カテゴリーにこだわらず様々な商品・サービスを購買・消費する傾向があるため、売り手にとっては製品カテゴリーを拡張しやすいというメリットがあります。

1 広がりやすい推し消費の対象

推し消費ビジネスの魅力の3つ目は、推しに関連するものであれば何でも購入・消費したいという消費者の心理です。消費者の主たる消費は推しのパフォーマンスや作品の視聴ですが、特に推しに対する関与度が高い消費者は、推しに関連する他の様々な製品カテゴリー（サービスも含む）にも高い関心を示し、購買・消費する傾向にあります。テレビで放送されたコンテンツはDVD、動画配信サービス、映画などで楽しめるほか、アニメ作品内の曲を収めたCD、ゲーム、トレーディングカード、グッズ（フィギュア、ポスター、缶バッジ、アクリルスタンド、文具など）、アニメ作品の声優のライブ、ライブビューイング、アニメ作品にちなんだミュージカル、種々の関連イベント、コラボ製品（キャラクターをパッケージにあしらった加工食品や玩具など）、二次創作物、コスプレ、聖地巡礼スポットも消費対象となります。

2 製品カテゴリー間の垣根は低い

一般的に、ある特定の製品カテゴリーで名声を得たブランドを他の製品カテゴリーに拡張する際には、ブランドと拡張先の製品カテゴリーとの適合度の検討など、売り手には慎重さが求められます。一方、推し関連商品・サービスの場合には、それぞれのメディアや

製品カテゴリーは一見すると異質であるものの、ファンたる消費者にとっては、製品カテゴリー間の垣根は高くなく、製品カテゴリー横断的に推しを楽しむ傾向にあります。従って、売り手が推しに関連した商品を様々な製品カテゴリーに拡張することは難しいことではなく、より少ないマーケティング投資でより大きなマーケティング成果を手にすることが可能であると考えられます。

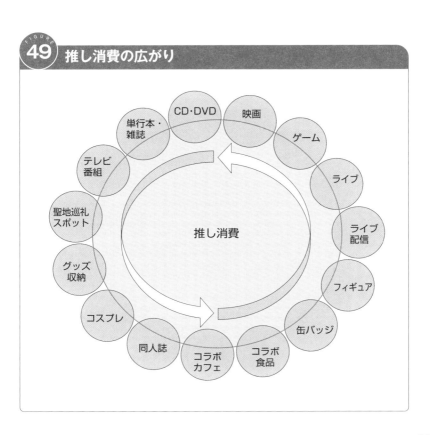

FIGURE 49 推し消費の広がり

推し消費

CD・DVD
映画
ゲーム
ライブ
ライブ配信
フィギュア
缶バッジ
コラボ食品
コラボカフェ
同人誌
コスプレ
グッズ収納
聖地巡礼スポット
テレビ番組
単行本・雑誌

国家間・文化間の垣根は低い

> 配信サービスの拡大や直感的・情緒的に楽しめるポップカルチャーの普及などが要因となり、推し消費は世界にも広がっています。

1 世界に広がる推し消費

　製品カテゴリー間の垣根の低さに加えて、特定の作品やキャラクターが国・文化を問わず世界で受容されている現状を鑑みれば、推し消費は国家間・文化間の垣根も低いと考えられます。日本動画協会の『アニメ産業レポート2022』によれば、世界の日本アニメ市場が2兆7422億円であると推計され、2021年の推計は前年比で13.3%増となっています。うち海外市場は1兆3134億円と、国内市場に匹敵する規模をもち、前年比でも6.0%増と拡大しました。また、毎年7月にフランス・パリで開催される Japan Expo はジャパニーズ・ポップカルチャーの一大イベントですが、2000年からの2019年約20年間で3200人から25万人を動員するまでに至りました。一方、推し消費の一環で海外から日本を訪問する需要、すなわちインバウンド需要もあり、実際に筆者が調査した沼津市（アニメ作品「ラブライブ！サンシャイン!!」ゆかりの地）の訪問スポットである「三の浦総合案内所」では、2018年度は2473人、2019年度は1869人の外国籍の訪問者がいました（田嶋,2022a）。

2 推し消費が世界に広がる要因

推し消費が世界に広がっている技術的要因として考えられるのが、配信サービスの拡大です。例えば、日本で制作・放送されたアニメ作品の一部はただちに翻訳され、世界中で視聴となります。またテレビと異なり、リアルタイムで視聴する必要はなく、都合の良い時間に何度でも納得のいくまで視聴が可能です。

また、推し消費が世界に広がる心理的要因としては、ポップカルチャーが事前知識をあまり必要とせず、直感的・情緒的に楽しめる要素を有しており、特に日本のマンガやアニメが世界の人々を惹きつける要因としては、日本のマンガ・アニメで描かれる世界観やキャラクターには、世界の人々、とりわけ若者を中心に魅了する普遍的な要素があると考えられます。

FIGURE 50 Japan Expoの会場の様子

毎年パリで開催される
Japan Expoは25万人の
来場者で賑わう。

2023年7月・撮影者提供

聖地巡礼

聖地巡礼とは作品に関連する土地に訪れて、宿泊・飲食・物販・域内観光などを行う消費形態であり、対象となった地域に様々な経済効果をもたらします。

1 聖地巡礼とは

　推し消費の中には、移動を伴い、移動先での宿泊・飲食・物販・域内観光といった消費を誘発する消費形態があります。その代表的なものが、聖地巡礼と呼ばれる推し消費です。特にアニメ聖地巡礼とは、「アニメーション作品のロケ地やその作品・作者に関連する土地を訪れる旅行形態」（山村,2009）であり、アニメ作品「らきすた」の埼玉県久喜市、「ガールズアンドパンツァー」の茨城県大洗町が有名です。では、訪問先で消費者はどのような行動をとるのでしょうか。例えば、作品の舞台となった実在のスポットを訪問したり、作品と同じアングルでの写真を撮影したり、その場所を背景に持参したぬいぐるみなどのグッズを撮影したり、「聖地巡礼ノート」にコメントを残したり、コスプレを行ったりすることもあります。

2 聖地巡礼の効果

　聖地巡礼としての推し消費がもたらす経済効果として考えられるものとしては、現地までの交通費、現地での宿泊・飲食・交通・物品購入などに関わる費用です。栃木県足利市立美術館では、2017年と2022年の2回にわたり、ゲーム「刀剣乱舞」キャラクターの元になった刀剣が展示され、1〜2か月という短期間にも関わらず、通常の年間来館者数の数倍を集めました。足利市にもたらした経済

効果は、1回目は4億2000万円、2回目は4億8000万円と言われています（田嶋,2022b）。日本国内はもとより海外から訪れたファンは、美術館での展示見学の前後には、足利市内の観光施設を周遊しながら、飲食店や宿泊施設を利用し、グッズやお土産を購入します。そして、展示終了後も足利市を度々訪れるファンもおり、さらには、移住にまで至るケースもあります。

　聖地巡礼は、冒頭でもみたように、エシカル消費の側面もあります。とても興味深い応援消費の一つです。

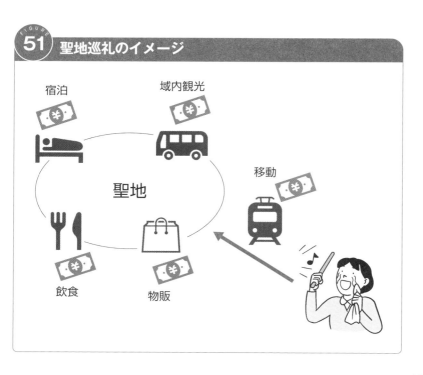

FIGURE 51　聖地巡礼のイメージ

宿泊　　域内観光

移動

聖地

飲食　　物販

推し消費対象としての
コラボ商品・サービス

自社商品やプロモーションにアニメやアイドルを起用し推し消費の対象となることは、企業にとっては新たな顧客を獲得するチャンスになります。

1 プロモーションに活用される推し消費

推し消費の対象となる商品やサービスの中には、いわゆる公式グッズとは異なる、一般企業の商品やサービスのプロモーションの一環として発売されるものも含まれます。古くは、1960年代にお菓子メーカーがプロモーションを目的にアニメのキャラクターをあしらった商品を発売したことに始まり、90年代には遊技機のメーカーがアニメやアイドルをモチーフにしたものを発売するなど、様々な業種の企業が活用するようになりました。また、商品自体ではなく、商品のCMやキャンペーンにアニメのキャラクターを起用するケースもあります。こうした、プロモーションの一環で発売された商品や、キャンペーンで起用された商品も推し消費の対象となり、スポンサー企業にとっては新たな顧客を獲得するチャンスとなります。

2 エンゲージメントを誘発するコラボレーション

CMやキャンペーンで起用される最近のケースの中には、ファンにしか認識できないような演出を施すケースも散見されます。例えば、日清食品㈱のカップヌードルのテレビ広告、HUNGRY DAYS シリーズでは、人気漫画（またはアニメ）ワンピースに登場するキャラクターが現代日本の高校生として描かれていますが、広告の中で

キャラクターが発するセリフや、背景に描かれる人物や文字などは、原作を視聴したことのない消費者にとってはまったく意味のわからないものです。こうした演出に気づいたファンの中には広告内容についてソーシャルメディアへ投稿する消費者がいます。すなわち、エンゲージメント行動です。ファンと見られる消費者たちがソーシャルメディア上に投稿したコメントをつぶさに読んでいくと、広告の演出に関わる感想や解説が多いものの、中には対象商品に対する購買意図や、推しをテレビ広告に起用したことに対する企業への感謝の意を表明する投稿も見受けられます。

FIGURE 52 アニメ作品キャラクターを活用した広告・販促事例（2021年）

作品・キャラクター名	企業・店舗名 ※すべて2社以内で抜粋
アイドリッシュセブン	近江兄弟社、ヤマト運輸
アイドルマスターシリーズ	ダイドードリンコ、ローソン
怪盗グルーシリーズ（ミニオン）	花王、ローソン
機動戦士ガンダムシリーズ	日本コカ・コーラ、明治
鬼滅の刃	ベネッセコーポレーション、森永製菓
キングダム	エースコック、ライオン
クレヨンしんちゃん	サントリーホールディングス、センチュリー21・ジャパン
ご注文はうさぎですか？	カッパ・クリエイト、森永製菓
五等分の花嫁	カッパ・クリエイト、森永製菓
呪術廻戦	アリナミン製薬、ラウンドワン
進撃の巨人	サンスター、出前館
新世紀エヴァンゲリオンシリーズ	ゼンショーホールディングス、ロッテ
すみっコぐらし	エバラ食品工業、はま寿司
ソードアート・オンライン	マンハッタンロール、ローソン
ちいかわ	ナック、ファミリーマート
ちびまる子ちゃん	スギ薬局、早稲田アカデミー
転生したらスライムだった件	カッパ・クリエイト、三幸製薬
東京リベンジャーズ	NTTドコモ、ロート製薬
刀剣乱舞―ONLINE―	東日本旅客鉄道、ファミリーマート

出典：日本動画協会『アニメ産業レポート』（2022年）P70より抜粋

推し消費がもたらす派生需要

推し消費がもたらす派生需要には、ライブ等への参加に伴う交通・宿泊・飲食やグッズを保管するための収納用品など様々なものがあり、これを商機ととらえる企業も現れています。

1 推し消費を補完する商品・サービス

推し消費の対象となる商品やサービスは、「公式」やスポンサー企業が展開する商品・サービスだけとは限りません。推し消費の裾野は広く、他の推し消費を補完するための商品やサービスも推し消費の対象となりえます。例えば、推し消費に物理的な移動が伴えば、「聖地巡礼」のように、交通・宿泊・飲食などに関わる需要が発生します。

ライブに関連した派生需要としては、会場で推しを遠くから見るための「双眼鏡」、ライブ前日から外に並んで過ごすための道具、ライブ会場周辺でグッズを他のファンと交換するためのハンガーラックやクリアウォールポケット、ライブのために来ていく服装、いわゆる「参戦服」などの購入があります。自宅では、グッズを保管しておくための収納ボックス・額縁・硬質ケース・スリーブの購入、推しのライブDVDを観賞するためのプロジェクターやライブ配信視聴専用モニターの購入にまで至ります。その他に、推しの担当カラーにちなんで髪やネイルを染めたり、カラーコンタクトを購入・装着したりもします。さらには、先着の特典を購入するためにクレジットカードを新しく作ったりする行為も見受けられます。

2 派生需要を商機ととらえる企業の動き

　推し消費がもたらすこうした派生需要を商機ととらえ積極的にプロモーションする企業も現れてきました。100円均一ショップのダイソーのオンラインショップでは、「＃推し活・コンサートグッズ」と称して、カードケースやネームキーホルダーなど100アイテム以上掲載し、店舗によっては「推し活」をテーマに商品を陳列しています。取り扱う商品は、「LED コンサートライト」など推し消費に直接関連するものもありますが、ネームキーホルダーなど大半の商品は、本来は推し消費用ではありません。このように、既存の商品を推し消費用途として新たに提案したり、通常の陳列棚と異なる売り場で陳列を行ったりする企業の取り組みは非常に創造的です。

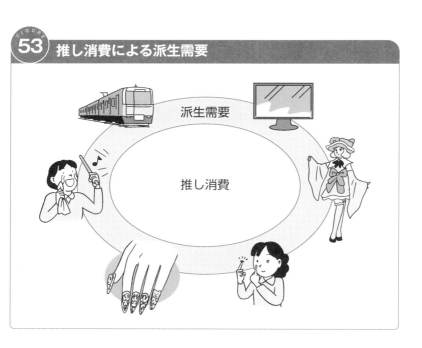

FIGURE 53　推し消費による派生需要

派生需要

推し消費

創造的推し消費

推し消費には自らグッズを作ったりパフォーマンスを行ったりする創造的な行為も含まれ、新たな需要を創出したり、他の消費者に影響を与えたりする効果があります。

1 消費だけではない推し消費

推し消費を広義に捉えれば、推し消費に含まれる行為には、既存の商品・サービスを購入・利用するだけではなく、自らグッズを作るなど創造的な行為も含まれます。例えば、ライブで使ううちわやネームボードを自分で作ったり、自宅では、「祭壇」と呼ばれる、グッズの飾りつけに統一感を持たせる工夫を行ったり、イラストを自分で描いたり、さらにはオリジナルのストーリーで新たに漫画を創作したりします。また、「痛バッグ」と呼ばれる、缶バッジを多数施したバッグを作った上で、それを持って外出したりします。さらに、推しのパフォーマンス（衣装やダンスなど）を真似た写真や動画を撮影・編集する行為もあります。

2 創造的推し消費の効果

こうした創造的行為を行うのに当たっては、「推し消費がもたらす派生需要」でも記述したように、材料や道具の購入といった点で新たな需要が創出されますし、そうした物品を扱う企業の中には、「推し活」をテーマに商品を再配置し、積極的にプロモーションを行うケースもあります。

また、自作されたものは、一人で楽しむ場合もありますが、写真共有アプリや動画共有サイトなどを介して情報発信したり、同人誌であれば、コミックマーケットなどで販売したりすることも多く、社会的行動として他の消費者の推し消費にも影響を与えます。

　さらに、こうした消費者による創造的行為の中で、売り手が想定していなかったような創作物や用途だった場合には、それらは消費者を起点とするイノベーションという意味で**ユーザーイノベーション**とも呼ばれます。ユーザーイノベーションは、売り手にとっては新たな製品を開発する際のヒントになったり、時には消費者と共同で製品を開発するプロジェクト、すなわち**価値共創**に発展したりすることもあります。そして、消費者と共同で製品開発をするプロセス自体を公開することでさらなる消費者の関心を集めることも可能となります。

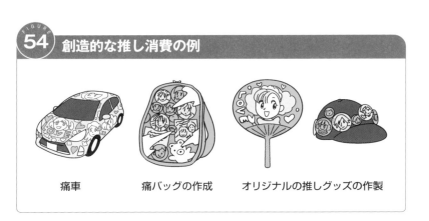

54 創造的な推し消費の例

痛車　　　　痛バッグの作成　　　オリジナルの推しグッズの作製

推し消費がもたらすリユース需要・CtoC需要

推しに関連する商品はリユース品として再販売されることも多く、一般的なリユース業者のほか、メルカリなど個人間の売買を支援するサービスもリユース需要を活性化しています。

1 推し消費がもたらすリユース需要

　推しに関する商品やサービスは通常、公式の販売店、専門店、Amazonなどのオンライン小売業者、楽天などのオンラインプラットフォーマーを通じて購入され、購入後は大切に消費・保管されますが、何らかの理由で不要になったものは、廃棄せずに、**リユース品**として売り出されることも多いです。リユースとして売り出すことになる理由には様々ありますが、推しのグループの解散、引退、スキャンダルなどで推しに対する興味を失ったり、推しが変わったりする場合があります。また、カプセルトイのように、ランダム性のあるグッズの場合には、目当てのものを手に入れるまでに、不要なものや重複するものを保有することになり、そういったものをリユースとして売り出すことになります。また、ライブのチケットの転売も広くはリユースに該当します。

2 リユース需要を支える各種サービス

　リユース需要を支える各種サービスには、一般的なリユース販売業者（ホビーオフ、トレジャーファクトリーなど）や、ポップカルチャー専門のリユース業者（駿河屋など）があり、特に駿河屋の売上は、2013年の約148億円から2022年の約333億円へと10年間で倍以上となりました（同社ホームページより）。一般的なリユー

ス販売業者でも「推し活」と題したコーナーを設置するなどの対応をしています。また、メルカリなどの個人間の売買を支援するサービスもリユース需要を活性化する需要なサービスとなっています。さらに、ライブ会場の外では、ファン同士による商品の交換が行われることもあります。

55 推し活とリユース需要

リユース品の販売の様子

画像提供：ホビーオフ花小金井店

ファン同士による商品の交換

リユース品の需要を
支えるサービスも。

消費者にとっての推し消費の効用

推し消費が消費者にもたらす効用としては、交友関係の広がりや自己肯定感の高まりのほか、知的好奇心・知識・スキルの向上などがあります。

1 交友関係の広がり・自己肯定感の高まり

推し消費を通じて、消費者自身にはどのような変化があるのでしょうか。2023年4月24日〜8月6日に早稲田医大学演劇博物館で開催された「推し活！展―エンパクコレクションからみる推し文化」で展示された、推し活に関するアンケートの結果が興味深いので紹介します。展示に先立って行われたアンケートのうち「人生や生活においてどのような変化がありましたか」という質問に対して、「SNSを通じて友達が増えた」「アニメを通じて海外の人と仲良くなった」「50代後半から若い友達が増えるようになった」「学校で友達ができた」「いままで出会うことのなかった人と出会えた」など交友関係が広がったり、「自分磨きをするようになった」「笑顔が増えた」「食生活など健康に気を付けるようになった」「前向きになった」「人生が楽しくなった」「性格が明るくなった」「行動範囲が広がった」など自己肯定感が高まったりする効果があったという記述が見られました。また、「つらいときに立ち直れた」「つらくても心の拠り所ができた」といったネガティブな状況から快方に向かうきっかけになったという回答もありました。

2 知的好奇心・知識・スキルの向上

さらに、「本を読むようになった」「外国語の勉強をするようになった」「勉強が好きになった」「文学・歴史に詳しくなった」「音楽の幅が広がった」「知らない言葉を学べた」「ＰＣ・ＳＮＳを使いこなせるようになった」「動画編集スキルが上がった」「ネットのマナーやモラルを学べた」「推しに恥じないようマナーと教養を身に付けるようになった」など、知的好奇心・知識・スキルが向上したという回答もありました。一方で、推し消費によって経済的負担が増えたり、時間の浪費として感じたりする消費者がいることも留意しておく必要があります。

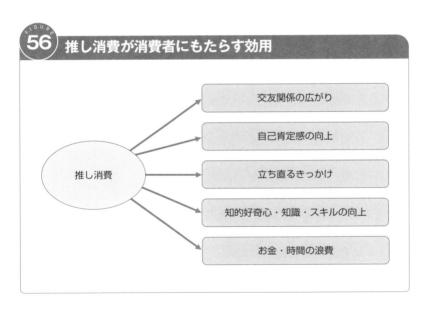

FIGURE 56 推し消費が消費者にもたらす効用

推し消費

- 交友関係の広がり
- 自己肯定感の向上
- 立ち直るきっかけ
- 知的好奇心・知識・スキルの向上
- お金・時間の浪費

MEMO

推し消費を理解する ための理論・概念

　推し消費は、これまで知られてきた様々な理論・概念から
捉えることができます。推し消費の理論・概念としての特徴
を捉えることで、推し消費を広げていく方法を考えます。

高関与購買

マーケティング研究や消費者行動研究の分野で用いられてきた「関与」は、推し消費の重要な構成要素となっています。

1 関与とは

推し消費を理解するための理論・概念としてまず注目するのが、推しに対する消費者の関与度の高さです。**関与度**とは、「対象や状況（ないし課題）といった諸要因によって活性化された個人内の目的志向的な状態であり、個人の価値体系の支配を受け、当該対象や状況（ないし課題）に関わる情報処理や意思決定の水準およびその内容を規定する状態」（青木,1989）と定義され、消費者の心理・行動を研究する分野では、消費者の情報処理や行動を規定する重要な変数として位置づけられてきました。ピーター＆オルソン（2010）によれば、消費者にとって、製品が持つ特徴や機能が個人的な目的や価値と密接に結びついているほど、対象となる製品に対する関与度が高まります。

2 関与度の高い消費者の特徴

そして、関与度の高い消費者は**製品熱狂者**（Product enthusiasts）とされ、製品熱狂者について精力的に研究を行ってきたブロック（1986）は、製品熱狂者の観察可能な行動的特徴として、能動的かつ継続的な情報探索、オピニオンリーダーシップ、初期採用、製品の手入れ（Product nurturance）などを挙げています。サブカルチャーのファンに関する研究では、ソーン＆ゴードン（2006）は、彼らに共通する特徴として、「高い関与度」「関与の表出願望」「関

連商品の取得欲求」「同じ趣味を持つ人との交流願望」があること
を見出しました。さらに、堀田（2017）は対象に対して関与度が
際立って高い状態を**超高関与**と呼び、鈴木（2015）は超高関与で
あるか否かを把握する特徴として、きわめて多頻度な消費、高関与
型情報処理、高支払意向額、関連コミュニティへの参加といった消
費者間のインタラクション、ブランド支援活動などを挙げています。

　このように、様々な形で観察される推し消費を説明する上では、
マーケティング研究や消費者行動研究の分野で用いられてきた「関
与」という概念が有用であることがわかります。消費者のある対象
に対する関与が高いことで、その結果として導かれる心理や行動は
まさに推し消費そのものであることがわかります。

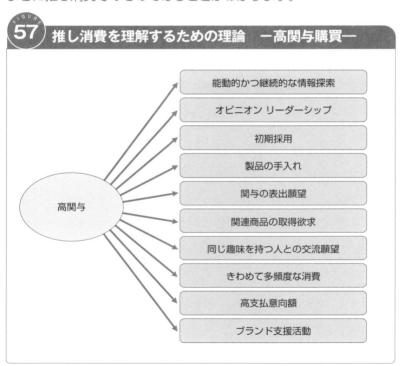

FIGURE 57　推し消費を理解するための理論　ー高関与購買ー

能動的かつ継続的な情報探索

オピニオン リーダーシップ

初期採用

製品の手入れ

関与の表出願望

関連商品の取得欲求

同じ趣味を持つ人との交流願望

きわめて多頻度な消費

高支払意向額

ブランド支援活動

高関与

象徴的消費

推し消費は機能性よりも推しを象徴しているかを重視して消費する象徴的消費であるため、どのような商品でも消費の対象になるという特徴があります。

1 象徴的消費と機能的消費の違い

推し消費が一般的な消費と大きく異なる点は、消費の対象となる商品やサービスが象徴としての役割を果たしているということです。例えば、一般的に文房具としてのクリアホルダーを購入する際には、書類を整理したいという消費者の目的があり、購買候補となるクリアホルダーの特性がその消費者の目的を達成するのに充分であるのかを判断して購入し、消費の際も目的を達成するのに相応しかったのかを評価します。消費者の目的と商品の機能とが因果的に結びついているという意味で、機能的な購買・消費であるといえます。

一方、推し消費の一環で、推しがあしらわれたクリアホルダーを購入する場合には、必ずしも書類を整理するために購入するとは限らず、購入後は大切に保管しつつも、眺めながら日常的に推しを感じたりします。この場合、推しを感じたいという消費者の目的とクリアホルダーとしての機能との間には、機能的なつながりはなく、クリアホルダーは推しを象徴するものとしての役割を果たすことになります。

2　象徴的消費の特徴

　このようなクリアホルダーの消費は、**象徴的消費**と呼ばれますが、象徴的消費の重要な特徴は、どのような商品であっても象徴的消費の対象となりうるということです。商品の機能性に対する重要度は高くないため、ある商品を、消費者が推しを表象するものであると認めさえすれば、それは象徴となり、消費の対象となりうるのです。だからこそ、消費者は、推しに関する様々なグッズであれば、すなわち推しを感じられる象徴であると判断すれば、クリアホルダーであろうと、タオルであろうと、缶バッジであろうと製品カテゴリー横断的に何でも購入したいと思うわけです。また、推しの公式グッズでなくても、何の変哲もない赤いタオルでさえ、推しカラーが赤であれば、象徴としての消費の対象になりうるのです。

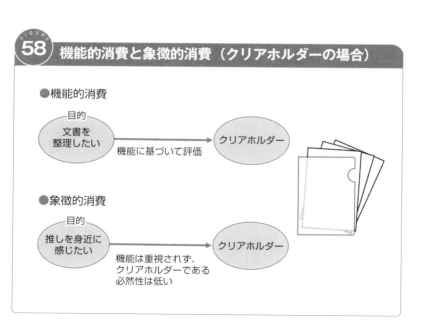

FIGURE 58　機能的消費と象徴的消費（クリアホルダーの場合）

●機能的消費

目的
文書を整理したい　→　機能に基づいて評価　→　クリアホルダー

●象徴的消費

目的
推しを身近に感じたい　→　機能は重視されず、クリアホルダーである必然性は低い　→　クリアホルダー

快楽的消費

推し消費には消費活動自体が快楽となる快楽的消費の側面があり、主観的な経験をもとに消費する「優劣の客観的判断基準の不在」という特徴があります。

1 快楽的消費とは

推し消費は、象徴的消費としての側面を持つのと同時に、**快楽的消費**（Hedonic consumption）としての側面も有しています。快楽的消費とは、消費すること自体が快楽である消費者行動のことであり（Hirschman and Holbrook,1982）、衣服や装飾品、映画や音楽CD、オペラや絵画など、ファッション性・芸術性の高い製品群に見られます。

こうした製品が消費される際には、享楽、喜び、楽しみといった快の感情が喚起されるのが特徴です。推し消費の対象となるマンガやアニメ、アイドルも同様で、例え文房具であっても、推しがあしらわれていれば、文具を道具として何かをするというよりは、飾ったり眺めたりして消費すること自体が快楽であるという意味で、快楽的消費が行われると考えられます。

2 快楽的消費の特徴

快楽的消費行動には、**優劣の客観的判断基準の不在**といった特徴があります（三浦 ,2022）。「優劣の客観的判断基準の不在」とは、競合製品間の優劣を客観的に判断する基準がないことを意味します。象徴としての商品を消費する際には「快楽」が喚起されますが、快楽は極めて個人的で主観的な経験であるため、同じような商品と

の間でも、経験される快楽は本質的に異なり、客観的な比較が難しく、代替性は低くなります。

　機能的な商品の場合、例えば、ホッチキスの綴じ枚数は客観的に比較が可能で、同程度の綴じ枚数であれば、消費者が支払っても良いと考える価格、すなわち支払意思価格も同程度となります。快楽的消費の場合、商品の価格は、その商品からしか得られない快楽に対する対価として決定されるため、結果として推し消費における支払意思価格は高くなる傾向にあります。例えば、涼むことを目的とした一般的なうちわと、推しがあしらわれたうちわでは、例え大きさ、重さ、持ちやすさは同じであっても、ファンにとって経験される快楽は本質的に異なり、そのうちわでなければならないという意味で代替性は低く、結果として、支払意思価格は高くなります。

FIGURE 59 「優劣の客観的判断基準の不在」のイメージ

スティグマ

推し消費を今後さらに促進していくためには、ステレオタイプやタブーといった負の側面であるスティグマを解消していくことが必要になります。

1 スティグマとは

2000年代半ばから今日にかけて「推し」という言葉が市民権を得たことによって、自分が誰を「推し」としているか公言することは必ずしも抵抗感のあるものではなくなりました。しかしながら、かつてはアニメ好きな消費者、いわゆるアニメオタクに対しては、不幸な事件もあったことから、世間からの偏見の目やネガティブなイメージが付きまとっていました。こうした、ステレオタイプやタブー等の負の側面を**スティグマ**と呼びます（松井,2010）。推し消費が今後さらに広まっていく上ではスティグマのさらなる解消が必要となってきます。

特に、海外など異文化の地域にポップカルチャーを根付かせたいと考える場合や、地域でポップカルチャーのイベントを開催する際に地域の協力を得たいと考える場合には、推し消費促進の取り組みだけでなく、スティグマの解消に向けた取り組みも必要となってきます。

2 正当化によるスティグマの解消

スティグマが解消されるためには、推し消費が社会において受容・正当化される必要があります（川又,2022）。一般的に正当化には、規制的、規範的、認知的制度づくりが必要であるといわれています

(Humphreys,2010)。推し消費においては、ターゲットとなるファン向けのマーケティングで完結させるのではなく、ステークホルダーを巻き込んだマーケティングが必要です。例えば、①メディアに取り上げられるようなニュース性を作る、②交友関係が広がるなど、推し消費にポジティブな意味づけを行う、③オンラインではなくリアルなイベントを開催し、当事者以外の人が目にする機会を増やす、④推し消費に理解ある著名人の協力を仰ぐ、⑤一国の政策との関連を考慮し、政府の協力を仰ぐ、⑥収益性を強調し大手企業の参画を促すといった対応が考えられます。こうした取り組みを積み重ねていくことで、推し消費や推し消費を行う消費者に対するスティグマも少しずつ解消し、推し消費市場の拡大が促進されるでしょう。

FIGURE 60 正当化によるスティグマの解消

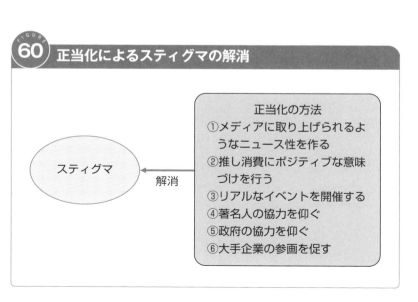

正当化の方法
①メディアに取り上げられるようなニュース性を作る
②推し消費にポジティブな意味づけを行う
③リアルなイベントを開催する
④著名人の協力を仰ぐ
⑤政府の協力を仰ぐ
⑥大手企業の参画を促す

スティグマ ←解消

フロー体験

推しと継続的に関わろうとするファンの行動は、特定の条件下で高い満足感や自己達成感などを感じることができる「フロー体験」によって説明できます。

1 フロー体験とは

推し消費、とりわけライブなど推しとの一体感を感じる、まさにその瞬間の体験の心理について考えてみましょう。自宅で推しのDVDやグッズを眺めて推しを身近に感じる体験とは別に、ライブや握手会などでは、推しが目の前にいることで、推し消費の中でも特別な体験をすることになります。このような体験を**フロー体験**と呼びます。チクセントミハイ（1997）によれば、フロー体験とは「行動をコントロールできているという感覚を得て、世界に全面的に一体化していると感じる特別な状態であり、全人的に行為に没入しているときに人が感じる包括的感覚」です。

例えば、セルシら（1993）によれば、スカイダイバーたちはスカイダイビングを、ただ単にスリルや興奮だけでなく、平凡な経験を超越した、トータルな没入としての関与感覚をもたらすと語ります。この超越した状態、体験は、活動自体が個人の全面的な没入を要求する際に起こります。意識の介入なしに次の瞬間につながっていく状態であり、人が物理的、精神的限界に近づくときに起きるとしました。

1　フロー体験の要因と効果

　フロー体験は、心理的エネルギーとスキルという明白な前提条件の下で生まれる特定可能な心理状態で、推し消費においては、強い熱意と推しに関する高度の知識をもって経験可能な心理状態であると考えられます。そして、フロー体験の結果として、高い満足感と自己達成感を伴う感覚、および自己効力感をもたらすといわれています。「フローをいったん経験すると非常に強力で、継続的に再生や再体験を探し求める。クライマーの『山が呼んでいる』という状態である」（Celsi et al., 1993）。さらに「フローには**精神浄化作用**があり、自己認証の感覚と共に、人を満足と活性化された状態に置く」（同）といわれており、推し消費においてもライブなどでのフロー体験が継続的に推しと関わろうとするファンの行動を説明することができます。

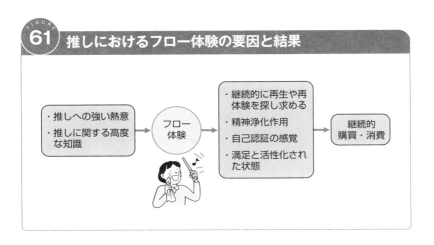

FIGURE 61　推しにおけるフロー体験の要因と結果

リキッド消費

所有を必要とせず低コストでアクセス容易であり、流動的な消費行動であるリキッド消費は、推し消費の入り口としての役割を果たしています。

1 リキッド消費とは

メディア環境の変化によって推し消費の方法も大きく変わりました。特に、動画配信プラットフォームの登場によって、音楽作品やアニメ作品を視聴する際は、CD や DVD を購入・所有して楽しむ必要はなく、パソコンやスマートフォンなどのデバイスから Amazon Prime や Netflix などの配信サービスにアクセスすることによって、好きなときに幅広いラインナップの中から好きな作品を何度も楽しむことができるようになりました。このような、消費形態を**リキッド消費**と呼びます。

リキッド消費とは、「短命性で脱物質的なアクセスベースの消費行動のこと」で2017年にバルディとエクハルトによって提唱されました。所有を必要とせず、低コストで、アクセスも容易であることから、その消費行動が流動的であるという意味でリキッド（液体）と呼ばれます。一方、リキッド消費とは逆に、所有物による消費行動は**ソリッド消費**と呼ばれ、推し消費においては、音楽作品やアニメ作品の視聴にあたり、CD や DVD を自分で購入・所有して楽しむ消費形態となります。

2 推し活におけるリキッド消費の役割

　バルディとエクハルトによれば、消費者は自己関連性が高い製品に対してはソリッド消費に留まるとされています。すなわち、関与度が高く熱心なファンであるほど、CD や DVD、そしてグッズなどを所有して日常的に推しを感じたいと思うのです。逆に、関与度が高くない消費者は、相対的にリキッド消費を選好する傾向にあり、アニメや音楽の視聴も、CD や DVD を購入せずに、レンタルやサブスクリプション・サービスで十分であると考える傾向にあるといえます。

　こうしたリキッド消費に対応したサービスの登場は、推し消費において、関与度の高くない消費者の誘引や試用の促進に貢献していると考えることができます。CD や DVD を購入するには敷居が高いと感じている消費者も、サブスクリプション・サービスであれば、軽い気持ちで試聴し、興味がわいた場合にはその他の製品カテゴリーの購買・消費へのつながっていくのでしょう。このように、リキッド消費は推し消費の入り口としての役割を果たすと考えられます。

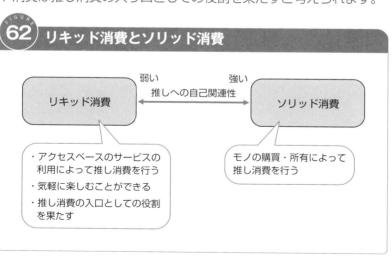

FIGURE 62 リキッド消費とソリッド消費

弱い　　　　　強い
推しへの自己関連性

リキッド消費　⟷　ソリッド消費

・アクセスベースのサービスの
　利用によって推し消費を行う
・気軽に楽しむことができる
・推し消費の入口としての役割
　を果たす

モノの購買・所有によって
推し消費を行う

ファン・コミュニティ

推し消費には集団としての消費者行動であるファン・コミュニティの側面があり、近年ではソーシャルメディア上で行われるケースも増えています。

1 ファン・コミュニティとは

消費者個人としての心理・行動だけでなく、集団としての消費者の行動、すなわち**ファン・コミュニティ**の行動にも注目する必要があります。推し消費におけるファン・コミュニティとして思い浮かぶのは、**ファンクラブ**、**後援会**、**親衛隊**といった集まりでしょう。ファンクラブでは定期的に会報誌が発刊されたり、ファンのみで自主的に集まったりします。

一方、近年はオフラインではなく、ソーシャルメディアでつながるファンの集まりもコミュニティとして推し消費において重要な役割を果たします。ソーシャルメディア上では、ファンクラブのように誰がメンバーであるのかの境界はありませんし、情報を発信するファンもいれば、投稿を見るだけのファンもいますので、あまり熱心でないファンも気軽に参加することができます。

2 ファン・コミュニティの役割

ファン・コミュニティを通じて、消費者はお互いに推しに関する知識を補完し、ファンによっては推しだけでなくコミュニティに対しても関与を持つ者もいたり、コミュニティへの関わりが推し消費を継続する大きな動機となったりする場合もあります。Fraade-Blanar and Glazer（2017）によれば、ファン・コミュニティには、

ユートピアを求める逃げ場としての役割、自分がピラミッドの上に立つために序列を作り変えるための場としての役割、そして特に今日では他人にどのように見られるのかを気にせず自己表現する場としての役割があります。

　ソーシャルメディア上のファンコミュニティでは、売り手が主催したり、いちユーザーとして参加したりすることも可能で、ファン同士だけでなく、売り手とファンとがインタラクティブに交流することも可能です。この場合、売り手にとっては、ファンのニーズや要望を聞き取ったり、ファンに情報提供を行ったりする貴重な場ともなります。

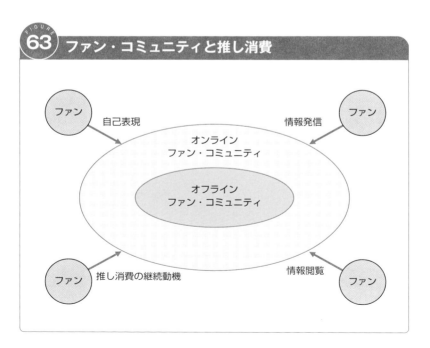

FIGURE 63 ファン・コミュニティと推し消費

ソフトパワー論
―国際的競争力としての推し消費

推し消費の広がりは文化的な国際競争力であるソフトパワーの行使によるものであると考えられ、国家戦略として取り組む国もみられています。

1 ソフトパワーとは

推し消費が文化の垣根を超え、世界に広がりつつある今日、推し消費の広がりを国家的戦略の中に位置づけようとする考え方があります。図表に示されるように、軍事力や制裁によって相手方を支配する力が**ハードパワー**と呼ばれるのに対して、国際政治学者のナイ（2004）は、文化的な競争力としての**ソフトパワー**という概念を主張しました。

ナイによれば、ソフトパワーとは、「相手方を魅了し、相手方が自発的に心を変化させて望まれる方向へ向けさせる能力」のことであり、例えば、フランスの文化を通じての観光政策などは、ソフトパワーの創造・行使によるものです。推し消費も同様で、一国を起点として、マンガ、アニメ、音楽などに関連した推し消費が世界に広がることは、まさにソフトパワーの行使によるものであると考えることができます。

2 ソフトパワーを向上させるために

ソフトパワーの向上によって、文化を基盤として国家ブランドイメージが創出・強化され、結果として、推し消費による恩恵だけではなく、観光客誘致、内部投資の活性化、自国産製品の販売促進と高付加価値化を間接的に支援することになり、ひいては、自国民の

自信、調和、内部結束力を向上させることにもなります。ソフトパワーを向上させるためには、一企業の取り組みだけでは困難であり、国家による文化産業への支援が不可欠となります。実際に、韓国においては、2008年頃からの文化産業部門に対する政府予算の増大といった**韓流政策**が功を奏し、今や**韓流ドラマ**や **K-POP** は世界中で人気を博し、韓国に対する好感度の高まりが海外における韓国製品の購入にも少なからず影響を与えているといいます（趙,2022）。

64 ソフトパワーとハードパワーの違い

	ハード		ソフト	
行動の種類	統制　　　誘導 支配力 ←—┼——┼—		—┼——┼→ 吸引力 課題設定　　魅力	
関連性の高い 源泉	軍事力 制裁	報酬支払い 賄賂	制度	価値観 文化 政策

出典：ジョセフ・S・ナイ『ソフト・パワー 21世紀国際政治を制する見えざる力』 2004年、日本経済新聞社

事例：沖縄県南城市のふるさと納税

沖縄県南城市は同市を舞台にしたアニメ作品にちなんだ商品を
返礼品とするふるさと納税を実施したほか、市役所や観光協会、
産業が協力して聖地巡礼向けの対応を行っています。

1 ふるさと納税の実績

　ふるさと納税は、納税先地域の活性化に貢献するという意味でエ
シカル消費の一種でありますが、返礼品が推しに関連した商品・サー
ビスである場合には、エシカル消費であるのと同時に推し消費とし
ての側面ももちます。沖縄県南城市では、2021年7月から12月に
かけてテレビ放送されたアニメ作品「白い砂のアクアトープ」の舞
台となったことから、2021年に、同作にちなんだ商品を返礼品と
するふるさと納税を実施しました。某アニメふるさと納税サイトに
よれば、納税者数は983名、寄付額は16,380,000円に上りました。
返礼品には、描きおろしタペストリー・クッション・Tシャツなど
だけでなく、これらグッズと市の名産品とのセット、市内ホテルの
宿泊券を組み合わせたセット、そして市内コミュニティバスのコラ
ボ一日乗車券もあり、返礼品を通じて地域商品の販売促進だけでな
く、聖地巡礼による来訪促進につなげる取り組みがなされています。

2 南城市による推し消費促進の取り組み

　南城市では市役所、観光協会、そして地域の産業が協力して、ア
ニメファンの対応を行っています。まず聖地巡礼用のパンフレット
を作成して県内および県外で配布したり、旅行商品の企画を行った
り、声優を招いてのイベントを現地で開催したり、アニメ放送後も

継続的にファンとのつながりを維持するような取り組みを行っています。アニメのグッズの販売コーナーのある観光物産館は、必ずファンが訪れるスポットということもあり、観光物産館の職員が、グッズを購入したファンと会話をするなどの取り組みも行っています。現地を訪れたファンの中には、自前で聖地巡礼マップを作成してウェブ上で公開したり、聖地巡礼の感想をソーシャルメディアに書き込むなどして、他のファンの推し消費に影響を与えていると考えられます。

FIGURE 65 沖縄県南城市地域物産館のコラボ看板

南城市地域物産館の
グッズ売場はファンが
必ず訪れるスポットと
なっている。

MEMO

CHAPTER

8

推し消費の
マーケティング実践

　推し消費を広げていく上で、マーケティングの考え方は重要な役割を担います。関与の高い人々を対象として、どのようなマーケティングを実践することができるのか。サービスの提供者はもとより、消費者もまた、よりよい推し消費の実現に向けて努力する必要があります。

推し消費のマーケティングにおける戦略的課題

推し消費をビジネスの対象とする企業では、ターゲットとなるファンを長期的に囲い込む、顧客生涯価値の向上が課題となっています。

1 戦略的課題としての顧客生涯価値の向上

推し消費をビジネスの対象とする企業は様々です。出版社などの知的財産を管理する企業、アニメであれば制作会社、アイドルであれば芸能事務所、その他、映画会社、テレビ局、配信会社、ゲーム会社、玩具会社、スポンサー企業、リユース業者、CtoC支援サービス会社、聖地巡礼であれば自治体や地域企業などです。こうした組織が推し消費を促進するマーケティングを実施する上での戦略的課題の一つは、ターゲットとなるファンをいかに長期的に囲い込むかということです。すなわち、**顧客生涯価値**の向上です。顧客生涯価値とは、特定顧客が生涯にわたって自社にもたらす価値です。そして、顧客生涯価値を向上させるための一つの方法が、様々な製品カテゴリーをビジネスとして展開することによって、顧客とより多くの接点を通じて**顧客体験**を創出することです。

2 カテゴリー横断的な推し消費

推し消費の特徴の一つに、「製品カテゴリー間の垣根が低い」というものがあります。ファンである消費者は、特定の製品カテゴリーだけでなく、推しに関連するものであれば、何でも手にしたいと考えます。したがって、自社または他企業との連携によって、いかなる製品カテゴリーを事業として展開するのかということが、「戦略

的」に重要な意思決定課題となります。

　例えば、ソニーグループは、アニメ産業において、アニメの企画・制作、配信、映画、音楽、ゲームについてグループ内で対応することが可能で、これらの事業によって顧客を囲い込むことが可能です。また、バンダイナムコホールディングスは、配信を無料にしてより多くの顧客との接点を作り、玩具・ゲームで収益化するという戦略的な考え方をしています。

66 推し消費に関わる企業の戦略的意思決定課題例

アニメの製作委員会	いかなる製品カテゴリーを有する企業をメンバーとすべきか
個別企業	いかなる製品カテゴリーを事業として展開すべきか 例）ソニーグループによる企画・制作（アニプレックス）、配信（米クランチロール）、映画（ソニー・ピクチャーズ・エンターテイメント）、音楽（ソニー・ミュージック・エンターテイメント）、ゲーム事業などの展開
IPホルダー	いかなる製品カテゴリーを有する企業と提携すべきか 例）ガンダムは海外で無料配信も収益は玩具・ゲームで回収できる」（バンナムHD川口社長）（週刊東洋経済, 2023.5.27.P47）
流通業者	いかなる製品カテゴリーを取り揃えるべきか
スポンサー企業	自社のいかなる製品カテゴリーを利用して販売促進すべきか

CHAPTER
8
推し消費のマーケティング実践

2 推し消費マーケティングのSTP

推し消費におけるSTPでは、関与度によるセグメンテーション
や、象徴としての自社製品からいかなる感情が喚起されるのかを
決めるポジショニングなどが有効になります。

1 戦略としてのSTP

推し消費のマーケティングにおける「戦略的」課題とは別に、個々
の製品カテゴリーにおけるマーケティング・マネジメントにはどの
ような戦略的・戦術的意思決定課題が考えられるのでしょうか。マー
ケティング・マネジメントは大きく戦略的な領域としての**STP**と
戦術的な領域としての**マーケティング・ミックス**とに大別されます。
STPとは、**セグメンテーション**(Segmentation:市場細分化)、**ター
ゲティング**(Targeting:ターゲット設定)、**ポジショニング**
(Positioning:ターゲットに期待する製品に対する知覚)のことで
あり、マーケティング・ミックスを統合するための役割があるとい
う意味で戦略的です。

2 推し消費マーケティングにおけるSTP

まず、セグメンテーションにおいては、自社が展開する製品カテ
ゴリーに対する消費者のニーズは一つとは限らず、どのようなニー
ズが存在するのかという観点から消費者をセグメントと呼ばれるい
くかのグループ区分することになります。例えば、どの程度の関与
度で、どのような用途によって推しを楽しみたい・感じたいと考え
ているのか、などです。

次にターゲティングにおいては、セグメンテーションで区分され

たセグメントのうち、自社にとってより魅力的な消費者群を選択します。選択基準としては、セグメントの規模・成長性・収益性や、自社の経営資源・目標との一貫性が用いられます。その他、一般的には競争の程度を考慮することが多いのですが、推し消費の場合には、推し以外の製品が考慮される可能性は低いため、競争対応はそれほど重要ではないでしょう。例えば、ファン層を拡大したい場合には関与度の低いセグメントがターゲットとして選択されるでしょう。

そして、ポジショニングでは、ターゲットとして選ばれたセグメントに対して自社製品が提供しうる価値を決定します。推し消費の場合には、象徴としての自社製品からいかなる感情が喚起されるのかを決定することになります。例えば、関与度の低いファンをターゲットにする場合には、関与度をより高めるためにも、推しについてもっと知りたいと思ってもらえるような知的好奇心を喚起するような価値が選択されるでしょう。

FIGURE 67 推し消費マーケティングにおけるSTP

STP	セグメンテーション (Segmentation)	どの程度の関与度で、どのような製品カテゴリーを通じて推しを楽しみたい・感じたいと考えているのかによって消費者を区分
	ターゲティング (Targeting)	セグメントの規模・成長性・収益性や、自社の経営資源・目標との整合性によってターゲットを選択。競争要因を考慮する必要性は相対的に低い
	ポジショニング (Positioning)	象徴としての自社製品からいかなる感情が喚起されるのかを決定

推し消費マーケティングの マーケティング・ミックス

推し消費におけるマーケティング・ミックスでは、Product以外の手段への資源配分の重要性が低くなるといった特徴があります。

1 戦術としてのマーケティング・ミックス

推し消費のマーケティング・マネジメントにおいて STP が決定されると、次に戦術としてのマーケティング・ミックスが決定されます。マーケティング・ミックスとは実際に企業が用いるマーケティング手段のことで、大きく**プロダクト**（Product：製品政策）、**プライス**（Price：価格政策）、**プロモーション**（Promotion：プロモーション政策）、**プレイス**（Place：流通政策）の4つに分けられ、その頭文字を取って**4P**とも呼ばれます。Product では何を売るか、Price ではいくらで売るか、Promotion ではどのように認知・理解・選好・意図を促進するか、そして Place ではどこで売るかが決定されます。

2 Productが重視される推し消費マーケティング

推し消費のマーケティング・ミックスでは、とりわけ Product 以外の手段への資源配分の重要性が相対的に低くなります。なぜならば、推し消費の重要な特徴は関与度の高さであり、関与度が高い消費者は能動的に情報探索をすることから、Promotion では広告費の支払いが必要なペイドメディアを通じて知らしめる必要性は低くなります。Price においても、消費者にとっては低価格であることは歓迎されますが、推しに関する製品を排他的に購買する傾向が

あることから、低価格や値引きの必要性は低くなります。また、距離抵抗も相対的に低いことから、利便性に配慮した流通、例えばコンビニエンスストアへの配荷への必要性は低くなり、メーカーの場合には、流通業者を通さず、自社 EC サイトで直販することも可能です。

　そのぶん、Product へ経営資源を配分することによって、消費者の感情を喚起するための製品づくりをしていくことが有効となります。具体的には、コミュニケーション自体が製品であるとの認識の下、より多くの接点を介しての継続的コミュニケーションを創出することが重要です。また、顧客の想像力や創造力を掻き立てる余白を残しておいた方が顧客に喜ばれるでしょう。

FIGURE 68　推し消費マーケティングにおけるマーケティング・ミックス

マーケティング・ミックス	プロダクト (Product)	コミュニケーションの製品・サービス 継続的コミュニケーション より多くの接点 コンテンツの充実化 (沼づくり) 想像性・創造性を誘発するための余白
	プライス (Price)	高価格設定が可能 (低価格設定・値引きの必要性は低い)
	プロモーション (Promotion)	オウンド・メディアを活用したコミュニケーション (ペイド・メディアを活用する必要性は高くない)
	プレイス (Place)	直販・排他的流通が可能 (顧客の利便性に配慮する必要性は低い)

推し消費による地域活性化の
マーケティング

推し消費には地域経済を活性化させるポテンシャルがあります
が、成功させるためには自治体を中心とした地域全体での綿密な
準備と協力が必要になります。

1 推し消費と地域活性化

現在、日本では人口減少と同時に過疎化も進み、地域経済の活性
化が重要な課題となっています。地域経済を活性化するためには地
域外からの需要を呼び込むことが基本的な方策となりますが、推し
消費には、地域に人を呼び込み、それを地域経済の活性化に波及さ
せるポテンシャルを見出すことができます。具体的には、ファンに
よる聖地巡礼やイベント開催を支援することによって、地域外から
ファンを呼び込み、飲食・宿泊・交通・お土産などの直接的な需要
につなげるだけでなく、来訪者への提供物を極力、地域で内製化す
ることで間接的な需要にも結びつけることも可能です。聖地巡礼を
きっかけとして、地域への来訪者による理解や関心を高めることに
成功すれば、再来訪を促し、ひいては移住をも期待することが可能
です。

2 地域に求められるマーケティング

聖地巡礼を地域活性化に結びつけるためには、ファンの来訪をた
だ待つのではなく、自治体を中心として、地元産業界をも含めた地
域全体での綿密な準備と協力が必要です。具体的には、「点」とし
ての聖地やイベント開催を中心に、来訪者の足である「線」として
の交通機関との連携、「面」としての来訪者の周遊を促すための飲

食店・宿泊施設・観光施設との連携、自治体による SNS を通じた
きめ細かな情報発信、そして、「厚み」としての再訪を促すための
来訪者へのおもてなしや、地域が持つ観光資源への来訪者の理解と
関心の向上などです。このように、「点→線→面→厚み」へと経済
効果の次元を高めていくことで継続的な効果が期待できます。

　地域活性化のためには、先に紹介した地域ブランドのような視点
も重要です。厚みを作りだすことは、長期的な活動となります。

FIGURE 69 聖地巡礼と地域活性化の3次元モデル

	次元	マーケティング	取り組みの例
0	点	・聖地・スポットづくり ・イベント開催	・聖地・スポットの整備 ・推しや関係者を招いてのイベント
1	線	・地域までの交通利便性 ・域内交通の整備	・地域までのツアーの企画 ・鉄道・バス・タクシー会社への協力要請
2	面	・域内回遊の促進 ・自治体と地域産業の連携によるサービスの提供	・スタンプラリー/無料手荷物預かり所/レンタル自転車の運営/宿泊/リアルタイム情報提供(天気、待ち時間) ・飲食店でのコラボメニュー/商品開発/ツアーマップの作成・配布
3	厚み (持続性)	・継続的訪問の促進 ・新規産業の誘致・創出	・地域住民による理解・受容・歓迎 ・推し消費商品・サービスの地域での内製

2:連携　店舗　飲食店　0:聖地・スポット　1:交通　駅　自治体　3:継続的訪問の促進 産業の創出　宿泊

推し消費マーケティングの留意点

推し消費マーケティングにおいては、消費者の持つ理想や世界観を損なわないようにする配慮や、想像や創造を喚起する情報の出し方の工夫などが求められます。

1 配慮すべき消費者心理

推し消費に伴う消費者の心理は、一般的な消費財とはいくつかの点で異なるところがあります。特に、作り手側ではない企業、例えば、広告・販売促進にアニメのキャラクターやアイドルを起用する場合には、慎重な配慮が求められます。消費者は推しに対して自分なりの理想や世界観を持っており、企業が販売促進を優先するあまり、消費者が想定するものとは異なる場合、その企業や製品に対して強い反感を持つ可能性があります。また、消費者には想像や創造といった認知的活動を楽しみたいという欲求もあります。具体的には、推しについて何でも知りたいという欲求はもちつつも、断片的な情報から全体のストーリー展開や、推しの行動の背後にある理由を探る楽しさです。

2 推し消費マーケティングの留意点

こうした消費者の心理に寄り添うために作り手や売り手にはどのような配慮が求められるのでしょうか。まずは消費者が持つ理想や世界観を理解し、それらを損なわないように配慮することです。アニメキャラクターの販促への起用についても、見た目だけでなく、言動の再現度を高めることが重要です。

また、消費者の想像や創造という認知的活動をより喚起するためには、情報の出し方の加減に配慮する必要があります。通常のマーケティング、とりわけ Promotion においては、消費者の理解を促すために、ホームページなどを通じて可能な限り多くの詳細な情報を提供できる仕組みを準備しています。一方、推し消費に対峙する作り手には、すべてを説明してしまうのではなく、いわゆる「余白」をあえて残しておくことで、消費者は想像や創造のプロセスを楽しむことができます。ただ、一回明らかになった情報については、アーカイブとして、ファンがいつでもアクセスできるような仕組みを作っておくことが、新たなファンを獲得したり、既存ファンの関与度を上げたりするための「沼」づくりになるはずです。

FIGURE 70　推し消費マーケティングの留意点

推し消費の心理

・理想・世界観を壊されたくない
・断片的な情報から想像したい、創造したい
・推しについては何でも知りたい

→ 対応

推し消費マーケティングの留意点

・消費者が持つ理想や世界観の理解
・想像や創造を促す余白づくり
・既存情報のアーカイブ化

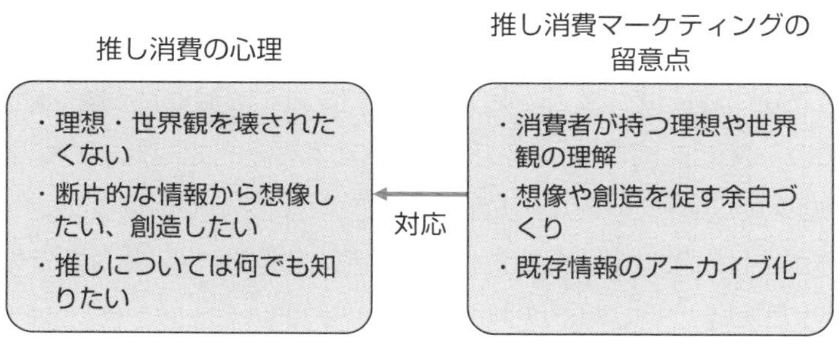

推し消費における問題点

推し消費では、買い手にとっては過剰な依存や金銭的支出などの問題、売り手にとってはファンの理想を損なったときの反感や炎上リスクなどの問題があります。

1 買い手にとっての問題点

推し消費は、消費者にとっても売り手にとっても多くの恩恵をもたらすものですが、一方で多くの問題もはらんでいます。推し消費では、消費者の関与度は高く、推しに対して執着する度合いは高い（他に選択肢がない）ため、売り手と一消費者との関係は対等ではなく、売り手または推しに依存したり、交渉力が偏ったりする傾向があります。このことは、売り手が仮に不誠実だった場合に、消費者に著しく不利益をもたらす危険性があります。例えば、地下アイドルと呼ばれる、比較的アイドルとファンとの接触度が高いアイドルの場合には、ファンに対して犯罪行為を行った事件などがあります。

また、関与度が高く、支払意思価格が高いことから、売り手、または第三者による不正な行為が引き起こされる危険性もあります。例えば、ライブチケットの高額転売問題や、チケット転売詐欺事件などです。さらに、ファン個人の問題として、過剰な金銭的支出や時間の浪費によって、正常な日常生活に支障をきたす恐れがあることも留意しておく必要があります。さらに、推し消費はファンに精神的安定をもたらしてくれる一方で、推しへの過度な依存がかえって不安感を生じさせたりすることもあります。

2 売り手にとっての問題点

一方で、売り手にとっての推し消費の問題点は、ファンが推しに期待している理想や世界観が崩れた場合にファンからの強い反感や、ひいては推しを辞めることになるというリスクが常にあるということです。しかも、反感を持つ複数の消費者によってソーシャルメディア上で推しに関するネガティブな情報が流布される場合は、いわゆる炎上のリスクも伴います。さらに、消費者による創造的活動の中には著作権を侵害するものもあるため、売り手にとって得られるはずの利益が損なわれたり、監視のためのコストがかかったりする問題もあります。

FIGURE
71 推し消費における問題点

詐欺
高額転売
金銭的浪費
時間の浪費
不安感
日常生活への支障
著作権の侵害

参考文献

青木幸弘 [1989]「消費者関与の概念的整理−階層性と多様性の問題を中心として」『商学論究』第37巻1・2・3・4号合併号、関西学院大学商学研究会

大平修司・スタニスロスキー スミレ・日高優一郎・水越康介 [2021]「クラウドファンディングとしてのふるさと納税」『マーケティングジャーナル』第40巻第3号、日本マーケティング学会

川又啓子 [2022]「メガマーケティングによるJPCの正当化戦略」、川又啓子・三浦俊彦・田嶋規雄編著『ジャパニーズ・ポップカルチャーのマーケティング戦略』千倉書房

鈴木和宏 [2015]「超高関与消費者群像の位置づけ」、和田充夫・編著『宝塚ファンから読み解く　超高関与消費者へのマーケティング』有斐閣

田嶋規雄 [2022a]「ジャパニーズ・ポップカルチャーを活用したインバウンド戦略」、川又啓子・三浦俊彦・田嶋規雄編著『ジャパニーズ・ポップカルチャーのマーケティング戦略』千倉書房

田嶋規雄 [2022b]「聖地巡礼-IPを活用した地域振興」『知的財産で社会問題を変える』同友館

趙佑鎮 [2020]「国家のCCM：韓流現象から見る国家競争力向上のための文化政策」、齊藤通貴・三浦俊彦編著『文化を競争力とするマーケティング』中央経済社

日本動画協会 [2022]『アニメ産業レポート2022』日本動画協会

堀田治 [2017]「体験消費による新たな関与研究の視点—認知構造と活性状態への分離—」『マーケティングジャーナル』第37巻第1号、日本マーケティング学会

松井剛 [2019]『アメリカに日本のマンガを輸出する—ポップカルチャーのグローバル・マーケティング—』有斐閣

三浦俊彦 [2022]「JPCマーケティングの体系」、川又啓子・三浦俊彦・田嶋規雄編著『ジャパニーズ・ポップカルチャーのマーケティング戦略』千倉書房

水越康介 [2022]『応援消費』岩波新書

矢野経済研究所 [2022]『クールジャパンマーケット／オタク市場の徹底研究2022〜消費者調査編〜』矢野経済研究所

山村高淑 [2009]「観光革命と21　世紀：アニメ聖地巡礼型まちづくりに見るツーリズムの現代的意義と可能性」『メディアコンテンツとツーリズム』CATS 叢書1

Bardhi, F. and Eckhardt, G. M. [2017] "Liquid consumption," Journal of Consumer Research, 44 (3)

Bekkers, R. and Wiepking, P. [2011] "A Literature Review of Empirical Studies of Philanthropy: Eight Mechanisms That Drive Charitable Giving," Nonprofit and Voluntary Sector Quarterly, 40(5)

Bloch, P. H. [1986] "The Product Enthusiast: Implications for Marketing Strategy," Journal of Consumer Marketing, 3 (3)

Celsi、R. L.、Rose、R. L. and Leigh、T. W. [1993] "An Exploration of High-Risk Leisure Consumption through Skydiving," Journal of Consumer Research、20 (1)

Csikszentmihalyi、M.[1997] "Finding Flow: The Psychology of Engagement with Everyday Life"、Basic Books (大森弘監訳[2010]『フロー体験入門楽しみと創造の心理学』世界思想社)

Fraade-Blanar、Z. and Glazer、M.A. [2017] "SUPERFANDOM How Our Obsessions Are Changing What We Buy and Who are We are," London: Profile Books. (関美和訳[2017]『ファンダム・レボリューション：SNS 時代の新たな熱狂』早川書房)

Holbrook、M.B. and Hirschman、E. [1982]" The Experiential Aspects of Consumption: Consumer Fantasies、Feelings and Fun," Journal of Consumer Research、9 (2)

Humphreys、A. [2010] "Megamarketing: The Creation of Markets as a Social Process," Journal of Marketing、74 (2)

Nye、J. S. [2004] "Soft Power、The means to success in world politics," New York: public Affairs、(山岡洋一訳[2004]『ソフト・パワー 21世紀国際政治を制する見えざる力』日本経済新聞社)

Peter、J. P. and Olson、J. C. [2010] "Consumer Behavior and Marketing Strategy Perspectives"、9th edition、McGRAW.HILL International Edition.

Thorne、S. and Gordon、C. B. [2006] "An exploratory investigation of the characteristics of consumer fanaticism," Qualitative Market Research、9 (1)

White、K.、Habib、R. and Hardisty、D. J. [2019] "How to SHIFT Consumer Behaviors to Be More Sustainable: A Literature Review and Guiding Framework," Journal of Marketing、83(3)

参考文献

参考文献

●著者紹介

水越 康介 (みずこし こうすけ)

東京都立大学経済経営学部教授。2000年神戸大学経営学部卒業。2005年同大学大学院経営学研究科博士後期課程修了、博士（商学）。首都大学東京（現東京都立大学）研究員を経て現職。主な著書に、『マーケティングをつかむ　第3版』(共著、有斐閣、2023年)、『応援消費　社会を動かす力』(岩波新書、2022年)、『ソーシャルメディア・マーケティング』(日経文庫、2018年)など。

田嶋 規雄 (たじま のりお)

拓殖大学商学部教授。主要研究テーマはマーケティング、消費者行動。慶應義塾大学商学部卒。同大学経営管理研究科博士課程を経て、博士（経営学）取得。主な著書：『ジャパニーズ・ポップカルチャーのマーケティング戦略』(共著、千倉書房、2022年)、Managing Cultural Festivals : Tradition and Innovation in Europe(共著、Routledge、2022年)、『文化を競争力とするマーケティング』(共著、中央経済社、2020年)。

●本文イラスト
まえだ たつひこ

図解ポケット

推しからエシカルまで
応援消費がよくわかる本

発行日	2023年11月20日	第1版第1刷

著　者　水越　康介
　　　　田嶋　規雄

発行者　斉藤　和邦
発行所　株式会社　秀和システム
　　　　〒135-0016
　　　　東京都江東区東陽2-4-2　新宮ビル2F
　　　　Tel 03-6264-3105（販売）Fax 03-6264-3094
印刷所　三松堂印刷株式会社　　　　　　Printed in Japan

ISBN978-4-7980-7000-1 C0033